Die gute Küche am Oberrhein

ISBN 978-3-8425-1412-6 (deutsche Fassung)
ISBN 978-2-9552974-0-7 (französische Fassung)
Printed in Germany by Kehler Druck / Gyss Imprimeurs

Vertrieb und Korrekturlesen der deutschsprachigen Ausgabe:
Silberburg-Verlag, Tübingen und Karlsruhe, www.silberburg.de

Leitung : Pascal Schweitzer
contact@ariovist.com

HUBERT MATT-WILLMATT

BADEN – SCHWARZWALD – ELSASS – VOGESEN

Die gute Küche am Oberrhein

Eine kulinarische Reise über die Grenzen

Fotos von Heinz Linke

Übersetzung der Rezepte von Irène Kuhn

Edition Ariovist / Silberburg-Verlag

DANK

Autor und Verlag danken auch im Namen des Fotografen Dr. Heinz Linke all jenen, die zur Verwirklichung dieses Buches beigetragen haben, allen voran den Restaurantinhabern, ihren Familien und Mitarbeitern für den freundlichen und hilfreichen Empfang. Sie danken ferner für das ihnen entgegengebrachte Vertrauen, denn schließlich war ihr Anliegen kein kommerzielles, sondern ein rein editorisches.

Mehrere Häuser und auch Fotografen haben uns ihre Bilder unentgeltlich zur Verfügung gestellt, wenn die Umstände es nicht zuließen, Innen- oder Außenaufnahmen vor Ort zu machen. Ihnen sei Dank, insbesondere Michael Wissing, Dominic Koch (La Tavola) und Tom Gundelwein.

In den deutsch-französischen Kulissen dieses Projekts hat Irène Kuhn an den beiden sprachlichen Fassungen des Buches mitgewirkt; der „Fotografiker" Laurent Seminel, der auch Kochbuchverleger ist, hat gemeinsam mit seiner Mitarbeiterin Florie Nathan diesem Buch eine besondere ästhetische Note verliehen.

Der Silberburg-Verlag (Tübingen) und Les Éditions du Belvédère (Pontarlier/Straßburg) haben der Edition Ariovist Werbemöglichkeiten und Vertriebswege eröffnet. Auch die Druckerei Kehler Druck/Gyss – mit einem Standbein in Kehl und einem weiteren in Obernai – hat für dieses Projekt ihr ganzes Knowhow zur Verfügung gestellt und große Flexibilität bewiesen.

Seit Anbeginn haben schließlich mehrere Personen an dieses grenzüberschreitende Projekt geglaubt und es finanziell unterstützt: Jean Klinkert, Leiter der Agence de Développement Touristique de Haute-Alsace, der „Schirmherr" für die offizielle Präsentation dieses Werks; Jacques Mandon und Jacques Jolas, Präsident und Generalbevollmächtigter der Stiftung Entente Franco-Allemande, die die Übersetzung finanziert hat; Manfred Hammes, Geschäftsführer der Wirtschaftsregion Ortenau GmbH in Offenburg, der unermüdlich über die Grenzen hinweg tätig ist; die Familie Mack, die sich bereit erklärt hat, im Europa-Park die Buchpremiere zu veranstalten.

Allen sei herzlich gedankt!

FOTOS

Dr. Heinz Linke hat mit seiner Fotoreportage die Häuser und Rezepte ins rechte Bild gerückt. Wir bedanken uns bei den Restaurants, Institutionen und/oder den Fotografen, die uns die Fotos auf folgenden Seiten freundlicherweise zur Verfügung gestellt haben:

S. 9 (Alsace Village), 14 und 15 oben (Au Boeuf), 20 (Nathalie Savey), 26, 27 oben und rechts (Philippe Stirnweiss), 32, 33 oben und rechts (Patrick Bogner/Arte), 39, 40 und 41 unten links (Hélène Hilaire/Agence Jouin Manku), 46 und 47 oben (Dreher), 50-51 (Croisi Europe), 68 oben (prowitt), 74 oben (Aux Bords du Rhin), 74 unten (Nobutz), 80-81 (Les Bagenelles), 87 oben (Chalet Pierre), 92-97 (Dominic Koch/La Tavola), 100 oben (ADT de Haute-Alsace), 101 (La Table de Mittelwihr), 106-111 (Aux Deux Clefs), 112-115 (Die Drei Könige), 120-125 (Michael Wissing), 134, 135 oben und links (Panorama), 140-141 (Colombi), 146-147 (Tom Gundelwein), 154 beide unten, 155 oben und rechts (Ralf Killian), 160-161 (Europa-Park), 166, 167 oben und rechts (Adler), 172, 174 und 175 (Made by S9), 173 (Pascal Cames), 176, 177 links oben und unten (Rebstock), 182-183 (Seeger), 188-189 (Bareiss), 194 (Pflug), 200 und 201 unten rechts (Le Jardin de France), 207 oben und links (Brenners), 218, 220 (St. Germanshof).

VORWORT

Badisch-elsässische Lebensart: unsere rheinüberschreitende Reise in die Gastronomie

Wo treffen sich ein germanophiler elsässisch-französischer Verleger und ein frankophiler badisch-deutscher Autor am liebsten? Natürlich in einem elsässischen Restaurant oder in einem badischen Gasthaus – an Diskussionsstoff, abwechselnd mal in deutscher, mal in französischer Sprache, mangelt es nie. Von der aktuellen Tagespolitik bis zu amüsanten interkulturellen Missverständnissen reichen die Themen.

2014 gedachte man auf dem Hartmannsweilerkopf des Kriegsbeginns des Ersten Weltkriegs vor 100 Jahren und 2015 des Endes des Zweiten Weltkriegs vor 70 Jahren – unselige Abschnitte in der deutsch-französischen Geschichte. Am Oberrhein ist heute Lebensart in der deutsch-französischen Freundschaft am intensivsten spürbar, besonders dann, wenn man um einen Tisch herum sitzt, ein interessantes Gespräch führt und kulinarische Genüsse bei einem elsässischen oder badischen Glas Wein teilt.

Siebzehn badische Häuser, siebzehn elsässische und ein Schweizer Haus präsentieren sich im vorliegenden Buch mit jeweils zwei Rezepten. Die vorgestellten Gasthäuser und Restaurants, die von uns gemeinsam ausgesucht wurden, haben eine rheinüberschreitende Geschichte vorzuweisen, die es lohnt, näher beschrieben zu werden. Sei es, weil das Haus von einem bi-nationalen Paar geleitet wird, sei es, weil eine deutsche Familie nach Frankreich oder eine französische nach Deutschland zog, sei es, weil das Haus durch seine manchmal leidvolle Geschichte mit den historischen Zeitläuften verbunden war. Sei es auch, weil die geographische Lage des Hauses an der Grenze oder am Rhein schon lange nicht mehr als Nachteil empfunden wird, selbst wenn man sich im Niemandsland der Rheinauen befindet.

Wir wünschen eine erlebnisreiche Reise ins gastronomische Schlaraffenland am Rhein!

Hubert Matt-Willmatt — Pascal Schweitzer

Sagenhaft, das Waltharilied und das Naturhotel

Natürlich und mit viel Holz, heimelig, gemütlich und gesund geht es im Naturhotel in Obersteinbach zu. Den Beweis erbringen die 101-jährige Großmutter Mina Ullmann und ihre Tochter Christelle Ullmann-Zerafa. Sie begründeten aus Überzeugung im burgenreichen Dahner Felsenland zu einer Zeit schon den „sanften" Tourismus, als es den Begriff noch gar nicht gab. Zwischen den beiden blicken Angelica und Geoffrey Lanoix mit ihrer kleinen Mathilde voll Optimismus und mutig in die Zukunft, die hier schon vor Jahren begonnen hat.

Im 10. Jahrhundert soll der St. Galler Mönch Ekkehard in lateinischer Sprache das Epos um Walter und Hildegunde, das Waltharilied, niedergeschrieben haben. Wie Jean Dentinger in seinem 1977 veröffentlichten umfangreichen Werk zu *2000 Jahre Kultur am Oberrhein* vermutet, kann das Lied aber auch das Werk des Straßburger Geistlichen Gerold sein, der es im Auftrag seines Bischofs von 965 bis 991 verfasst haben soll. Die Spuren des Heldenlieds führen unzweifelhaft in das nördliche Elsass. Schauplatz der Sage ist der Wasigenstein, zu dessen Füßen sich Walter, Sohn des Königs von Aquitanien, auf seiner Flucht mit Hildegunde, der Tochter des Königs von Burgund, zur Rast niederlässt. Verfolgt werden sie von Gunther, der es auf Hildegunde und einen Schatz abgesehen hat, den sie mit sich führen. In der engen Schlucht kommt es zum Kampf, bei dem Walter zehn Ritter aus dem Gefolge Gunthers tötet. Das Ende des Kampfes ist grausam: Gunther verliert ein Bein, Walter die rechte Hand. Doch die Königskinder können weiterziehen und zusammen über dreißig Jahre als glückliches Königspaar von Aquitanien herrschen. Die Burg, die auf dem Wasigenstein erbaut wurde, stammt aus dem 13. Jahrhundert und wird von den Truppen Ludwigs XIV. 1676 zerstört, die Ruine reckt sich mit ihren Mauerresten malerisch in den Himmel. Es gibt einen speziellen Walthari-Lied-Weg, der auf 15,5 km alle Schauplätze des Heldenepos verbindet – auch entlang des 33 km langen deutsch-französischen Burgenwegs im Dahner Felsenland kommt man durch Obersteinbach und am Wasigenstein wie am Walterstein vorbei.

Die Historie des Liedes und die wechselvolle Geschichte des Grenzdorfes Obersteinbach nicht in Vergessenheit geraten zu lassen, war und ist Christelle Ullmann-Zerafa ein ständiges Anliegen. So engagiert sich Christelle, die studierte Theologin und ehemalige Religionslehrerin in Caen und Wissembourg, im deutsch-französischen Geschichtsverein. Dieser organisiert jedes Jahr Veranstaltungen zu Literatur, Kunst und Geschichte, so auch einmal zum Waltharilied mit einem mittelalterlichen Bufett. In Obersteinbach wurde auch einer der ersten elsässischen Weihnachtsmärkte mit von Einheimischen ausschließlich selbst hergestellten Produkten abgehalten, der immer am Sonntag vor Weihnachten stattfindet.

Doch ebenso wie die energische Christelle in der Geschichte weit zurückblickt, hat sie zusammen mit ihrem Mann, dem in Malta geborenen John Zerafa, vorausschauend ein Hotel auf ökologischer Grundlage begründet. Christelles Mutter, Mina Ullmann, wurde kurz nach Beginn des Ersten Weltkriegs 1914 als Bäckerstochter geboren und war als Kindermädchen in Hyères tätig, wo sie u. a. in der Villa Noailles, einer 1923 spektakulär erbauten Villa im Bauhausstil, ihren Dienst versah. Nach der Bombardierung von Metz im Zweiten Weltkrieg kam sie nach Obersteinbach. Dort stand das Ferienhaus der Familie, das sie, um Geld zu verdienen, zu einem „gîte" (Ferienwohnung) ausbaute und ihre Gäste mit eigenen Erzeugnissen auch bekochte. In den 1980er Jahren übernahmen Christelle und ihr Mann die Pension und richteten sie nach einer für damalige Verhältnisse völlig neuartigen Idee zu einem Hotel des sanften Tourismus aus.

Das bestehende Gebäude mit zwei Zimmern wurde durch einen Holzbau ergänzt, sodass nun vierzehn Gästezimmer vorhanden sind. Der Garten und die Obstanlagen wurden auf biologischen Anbau umgestellt und das neue Hotellabel „Hôtels au naturel" (Naturhotels) mitbegründet, das sich inzwischen über ganz Frankreich ausgebreitet hat. Alleine im Elsass befinden sich acht dieser Naturhotels. Das Pflichtenheft der Vereinigung sah zuerst eine geographische Einbettung in einen Naturpark vor, was sich aber nicht immer durchhalten ließ – in Obersteinbach aber mit dem Naturpark der Nordvogesen kein Problem war. Im Hotel wird aus den eigenen Produkten und aus jenen, die sich in der Gruppe Acter zusammengeschlossen haben, ein leckeres Frühstück und für die Hausgäste bzw. auch am Wochenende für Gäste mit Reservierung ein gesundes und authentisches Essen aufgetischt.

Für den Anbau und die Zubereitung der Speisen hat Christelle inzwischen tatkräftige Unterstützung gefunden. Ihre Mutter Mina, die in geistiger Frische ihren 101. Geburtstag feiern konnte, war bis vor wenigen Jahren noch in Haus und Garten aktiv. Geoffrey Lanoix stammt aus einem großen landwirtschaftlichen Betrieb mit Tabak- und Hopfenanbau, doch nach dem Besuch der Landwirtschaftsschule und vor allem nachdem er Angelica aus Kolumbien kennen gelernt hatte, wollte er sich seinen eigenen und überschaubaren Bio-Garten Eden schaffen.

Jean Frédéric Oberlin
pas feutrés...
LES OISEAUX
Le renard

Brennnessel-Tourte mit Obersteinbacher Ziegenkäse

VORSPEISE FÜR 4 PERSONEN
ZUBEREITUNGS- UND KOCHZEIT 90 MINUTEN

ZUTATEN

MÜRBETEIG
250 g Mehl
1 Prise Salz
125 g Butter
50 bis 100 ml Wasser)

1 große Schüssel Brennnesseln
1 Knoblauchzehe
4 Eier
2 frische Ziegenkäserollen (hier vom domaine du Steinbach)
1 Teelöffel Butter
250 ml Sahne
200 ml Milch
Kräutersalz
Pfeffer

ZUBEREITUNG TEIG

Den Teig am Vorabend herstellen. In einer Schüssel das gesiebte Mehl mit einer Prise Salz mischen. Eine kleine Mulde ausheben und die weichen Butterstücke hineinlegen. Zuerst mit den Fingerspitzen mischen, bis ein grobkörniger Teig entsteht. Dann das Wasser nach und nach hinzugeben, indem man den Teig gut durchknetet, bis er glatt wird. Den Teig zu einer Kugel rollen, in ein Tuch oder in Klarsichtfolie wickeln und über Nacht im Kühlschrank aufbewahren.

ZUBEREITUNG TOURTE

Am folgenden Tag (im Garten) eine Schüssel voll junger Brennnesseln sammeln; nur die jungen Triebe, ausgewachsene oder blühende Brennnesseln vermeiden. Möglichst selbst und von Hand pflücken, dann hat Ihr Kreislauf auch etwas davon!

Brennnesseltriebe waschen und in Essig ausschwenken. Anschließend 3 Minuten im kochenden Wasser blanchieren. Abtropfen lassen.

Knoblauch in Butter andünsten, die Brennnesseln dazugeben. 5 Minuten weiter ziehen lassen. Zur Seite stellen.

Backofen auf 200 °C vorheizen. Den ausgerollten Teig in eine Kuchenform legen, mit einer Gabel an mehreren Stellen einstechen. In einer Schüssel Sahne, Milch, Eier und klein geschnittenen Ziegenkäse, Salz und Pfeffer mischen und mit den Brennnesseln auf dem Teig verteilen. 45 Minuten backen. Sofort servieren.

„Gehen Sie in den Garten, das sagt sich bei uns ganz leicht, denn das ist in unserem Dorf mit seinen 280 Einwohnern, umgeben von viel Natur, etwas ganz Selbstverständliches. Diese unverfälschte Natur hat früher auch eine deutsche Malerkolonie um den Maler Franz Hein aus Karlsruhe-Grötzingen angezogen, der von 1896 bis 1914 regelmäßig zu Malaufenthalten hierher kam und bei dem u. a. die Frau des Fabrikanten de Dietrich oder Melanie de Pourtalès Unterricht nahmen.“
Christelle Ullmann-Zerafa

Himbeer-Clafoutis

DESSERT FÜR 4 PERSONEN
ZUBEREITUNGS- UND KOCHZEIT 75 MINUTEN

ZUTATEN

500 g Himbeeren, wenn möglich frisch gepflückt aus dem Garten
4 Eier
4 Esslöffel Mehl
½ Päckchen Vanillezucker
½ Liter Milch
1 Prise Salz
Etwas Butter
Himbeer- oder Vanilleeis

500 Gramm frische Himbeeren in eine mit etwas Butter bestrichene Auflaufform legen. Den Ofen auf 200 °C vorheizen. Die Eier mit dem Mehl, dem Zucker, dem Salz und dem Vanillezucker kräftig schlagen.

Die Milch einrühren und diese Masse über die Himbeeren gießen. Die Form vorsichtig in den vorgeheizen Ofen stellen und 45 Minuten backen.

Das Clafoutis aus dem Ofen nehmen, die Ränder mit einem Messer von der Form lösen. Abkühlen lassen.

Dieses Dessert wird mit einer Kugel Himbeer- oder Vanilleeis serviert.

„Über unsere Gerichte und die Familienbilder im Gastraum kommen wir mit unseren Gästen ins Gespräch. Dabei dreht es sich meistens um den unverfälschten Geschmack unseres Essens, das wie bei Großmutter schmeckt und Erinnerungen an die eigene Kindheit weckt, und um die deutsch-französische Geschichte, die sich in den Bildern spiegelt.“
Geoffrey Lanoix

Im Ochsen gibt es immer ein Happyend ... nicht wie bei Johann Wolfgang und Friederike

Yannick Germain pflegt im Ochsen die Tradition und die Erinnerung an den Aufenthalt Goethes in Sessenheim, so, wie das lange Jahre seine Mutter Christiane Sautter-Germain im Goethe-Museum getan hatte. Das Gasthaus, das gegenüber der evangelischen Kirche seinen Platz im dörflichen Zentrum hat, setzt mit einem dunklen Rot unübersehbar einen modernen farblichen Akzent, so, wie ihn auch Yannick Germain in und mit seiner kreativen Küche prägt. Immer zusammen mit seiner Frau Claudine und seiner Tochter Charline.

Unzählige Orte rühmen sich, dass in ihren Mauern der große Dichterfürst Goethe für einen kürzeren oder längeren Aufenthalt verweilt hat, obwohl das nicht immer belegt werden kann. Doch eines ist sicher, der junge Goethe (1749-1832) begleitet seinen Studienfreund Leopold Weyland Anfang Oktober 1770 zur Verwandtschaft und zwar zur Pfarrersfamilie Brion nach Sessenheim. Dort trifft der 21-jährige Goethe auf die 18-jährige Pfarrerstochter Friederike. Goethe verewigte das Pfarrhaus, das nicht mehr vorhanden ist, in Zeichnungen und bringt sein Liebeserlebnis in Gedichten (Mailied: O Mädchen, Mädchen / wie lieb ich dich! / Wie blickt dein Auge! / Wie liebst du mich) und in der Sessenheim-Erzählung sowie den Sessenheimer Liedern zum Ausdruck – ein Jahr darauf verbringt er einen ganzen Monat an Friederikes Seite. „Die Rheininseln waren denn auch öfters ein Ziel unserer Wasserfahrten (...) Wir hätten uns in den traulichsten Fischerhütten, vielleicht mehr als billig angesiedelt, hätten uns nicht die entsetzlichen Rheinschnaken nach einigen Stunden wieder vertrieben, eine unerträgliche Störung einer der schönsten Lustpartien.“ Wie man weiß, endete die Beziehung zwischen den beiden durch Goethes abrupte Abreise nach Frankfurt unglücklich – Friederike blieb zeitlebens ledig und verstarb im badischen Meißenheim.

Gegenüber der evangelischen Kirche in Sessenheim liegt das Restaurant Au Bœuf, das die Erinnerung an Johann Wolfgang von Goethe in Ehren hält. In der einstigen Dorfwirtschaft, die 1823 gegründet wurde, eröffnete 1890, in der deutschen Zeit, Wilhelm Gillig ein kleines Museum zur Erinnerung an Goethes Aufenthalt. Er trug alte Kirchenbücher zusammen, alle Veröffentlichungen, Zeichnungen, Bilder, Stiche, in und auf denen Sessenheim verzeichnet ist, sowie die alten Kirchenbänke und die Kanzel, von der Vater Brion einst predigte. Seit dieser Zeit werden die Gästebücher des Museums mit hochinteressanten Einträgen aufbewahrt.

Das Museum kam über Gilligs Tochter an Fritz Sautter, der als Kunstmaler tätig war und von dem einige Werke im Restaurant ausgestellt sind. Und es ist der verwandtschaftlichen Beziehung geschuldet, dass heutzutage die leckeren Sautter-Säfte auch in der Auberge serviert werden.

1953 wurde das Museum von Nora und Wolfgang Sautter übernommen. Doch schwierige Jahre lagen hinter ihnen. Wolfgang Sautter war einer jener „malgré-nous“, der mit achtzehn Jahren als Panzerfahrer nach Russland zwangseingezogen wurde und dort in Gefangenschaft geriet. Er konnte flüchten und schlug sich zu Fuß nach Sessenheim durch, nicht ohne in Tübingen Bekanntschaft mit Nora gemacht zu haben. Anders als Goethe Sessenheim verließ er Tübingen nicht ohne seine zukünftige Frau. Doch die Anfangsjahre in Sessenheim waren schwer: ein ehemaliger Wehrmachtssoldat zusammen mit einer Deutschen... Doch Nora bewies ab 1956 für dreißig Jahre in der Küche der Gastwirtschaft mit ein paar wenigen Hotelzimmern, ihr Geschick. Ihre Tochter Christiane Sautter-Germain, die Biochemie studierte, betreute ab 1986 das Museum und führte den Ochsen sowie ein kleines Modegeschäft.

Ihr Sohn Yannick Germain hat das Unternehmen dann 1998, nach dem Tod des Großvaters Wolfgang Sautter, übernommen und mit seiner Frau Claudine nicht nur markante farbliche Tupfer gesetzt. Achtzehn Personen arbeiten in der Küche und im Service, um den Ruf des seit 2015 mit einem Michelin-Stern ausgezeichneten Restaurants zu festigen. Yannick hat das Kochhandwerk bei den Besten im Elsass gelernt: Er war bei Fernand Mischler in Lembach, im Les Acacias in Niederbronn, auch im Burgund und in Crans Montana.

Von 2013 bis 2015 wurde das Haus kräftig umgebaut und erstrahlt nun in einem ebenso kräftigen Rot. Das Innere lebt von einer ausgewogenen Harmonie zwischen erlesenen Gegenständen mit Patina und einer überraschenden Modernität. Das Restaurant wurde vergrößert und so musste der bisherige Museumsraum weichen – im ehemaligen Modegeschäft von Christiane Sautter-Germain wird nun der Gedenkraum an die schicksalshafte Begegnung von Goethe und Friederike Brion wieder aufleben. Während in Sessenheim noch die Goethe-Scheune, eine Goethe-Gedenkstätte und der Goethe-Hügel zu bestaunen sind, sind Goethes Gedichte aus jener Zeit in den Literaturkanon eingegangen.

Willkommen und Abschied

Es schlug mein Herz, geschwind zu Pferde
Es war getan / fast eh gedacht
Der Abend wiegte schon die Erde
Und an den Bergen hing die Nacht ...

Ich ging, du standst und sahst zur Erden
Und sahst mir nach / mit nassem Blick
Und doch / welch Glück geliebt zu werden
Und lieben Götter / welch ein Glück!

GOETHE

Terrine de Foie Gras an Portwein, eingelegte Rote Bete mit Himbeeren und Tibetpfeffer

VORSPEISE FÜR 8 PERSONEN
VORBEREITUNG UND KOCHZEIT 4 STUNDEN

ZUTATEN

TERRINE
1 kg frischer Entenstopfleber
13 g Pökelsalz
2 g Pfeffer
110 ml Portwein, rot

ROTE-BETE-KÜGELCHEN
200 g Rote Bete
20 g Gemüsebrühe
40 g Himbeeressig
3 g Salz
1 g Zucker

HIMBEERGEL
100 g Himbeermark-Essig (mit Fruchtfleisch)
2 g Agar-Agar

GELEE VON ROTER BETE, HIMBEEREN UND TIBETPFEFFER
200 g rote Bete, zerschnitten (ggf. Abfälle vom Ausstechen)
20 g Gemüsebrühe
60 g Himbeeressig
4 g Salz
1 g Zucker
1 g Tibetpfeffer
6 g Agar-Agar

ZUBEREITUNG TERRINE

Die Leber parieren und danach 2 Stunden mit den Gewürzen im Portwein marinieren. In eine Terrine pressen und 1 Stunde bei 85 °C im Wasserbad garen

ZUBEREITUNG ROTE-BETE-KÜGELCHEN

Murmelgroße Kugeln aus den roten Beeten ausstechen. Zutaten miteinander im Vakuumbeutel 2 Stunden bei 100 °C garen.

ZUBEREITUNG HIMBEERGEL

Den Essig erhitzen und das Agar-Agar beifügen. Eine Minute köcheln lassen. Die Flüssigkeit über ein Blech ausgießen. Nach Abkühlen mixen.

ZUBEREITUNG GELÉE VON ROTER BETE

Im Vakuumbeutel 2 Stunden bei 100 °C garen. Mixen und mit 6 g Agar-Agar (nicht mitgekocht) gelieren.

Rote Bete in Form bringen. Auf dem Teller anrichten.

„Ich denke nicht, dass Johann Wolfgang von Goethe und Friederike Brion solch herrliche Speisen zu sich genommen haben, denn wahrscheinlich ging es in dem protestantisch geprägten Pfarrhaus eher etwas spartanisch zu. Heute möchten wir jeden Gast, der nach Sessenheim kommt, mit liebevoll zubereiteten Speisen verwöhnen und ihm den Ort näherbringen, an dem sich die beiden begegnet sind und an dem ein Teil der Liebeslyrik Goethes entstanden ist.“

Yannick Germain

Victoria-Ananas pochiert mit Tahiti-Vanille, Ghoa-Kresse und Kokos-Sorbet

DESSERT FÜR 4 PERSONEN
VORBEREITUNGS- UND KOCHZEIT 24 STUNDEN

ZUTATEN

4 Victoria-Ananas
1 Schale Ghoa-Kresse
1 frische Kokosnuss (geraspelt)
1 Liter Wasser
500 g Kristallzucker
4 Vanilleschoten (Tahiti-Vanille)
200 g Sahne
5 g gelbes Pektin
5 g Grießzucker
Etwas Goldpulver zum Garnieren

SORBET
620 g Wasser
170 g Kristallzucker
50 g Invertzucker
5 g Stabilisator (Stärke, Lezithin o.Ä.)
1 Vanilleschote
½ Stange Pfeffer, zerstoßen
1 Stange Zimt
0,3 g Muskat
20 g Kondensmilch
1 Limette, unbehandelt
1 kg Kokosnussmus

KNUSPERGEBÄCK
100 g Butter
100 g Eiweiß
100 g Mehl
100 g Zucker

ANANAS IN SIRUP

Mit 1 Liter Wasser, 300 Gramm Zucker und zwei Vanilleschoten einen Sirup herstellen; mixen, durch ein feines Sieb geben, abkühlen lassen. Die Ananas schälen und in Stücke schneiden. Vakuumverpackt 1 Stunde bei 90 °C dampfgaren.

SÜSSE SAHNE MIT VANILLE

200 Gramm süße Sahne mit einer Vanilleschote vakuumverpackt 24 Stunden kühl stellen. Mixen, durch ein feines Sieb geben und zu Schlagsahne verarbeiten.

ANANASKONFITÜRE

Die Ananasstücke (etwa 500 Gramm) mit 200 Gramm Zucker und einer Vanilleschote aufkochen. Um ¾ reduzieren, mixen. 5 Gramm gelbes Pektin mit 5 Gramm Grießzucker hinzugeben und 5 Minuten kochen.

SORBET

Das Wasser erhitzen, Vanille, Gewürznelke, Pfeffer, Zimt und Muskatnuss darin ziehen lassen. Mit diesem Sud, dem Invertzucker und der Kondensmilch einen Sirup herstellen. Zucker und Stabilisator mischen und bei 50 °C mit dem Schneebesen untermischen. Das Ganze zum Kochen bringen, auf das Kokos-Fruchtfleisch gießen und mixen. Durch ein feines Sieb geben und 24 Stunden kalt stellen. In der Eismaschine zum Sorbet verarbeiten.

KNUSPERGEBÄCK

100 Gramm zerlassene Butter mit 100 Gramm Zucker und 100 Gramm Eiweiß mischen, danach noch 100 Gramm Mehl hinzufügen. 6 Minuten bei 160 °C backen.

„Für damalige Verhältnisse ist Goethe ein weitgereister Mann. Er kam aus Frankfurt zum Studium nach Straßburg und erkundete danach weite Teile Europas. Die Verhältnisse und das Reiseverhalten haben sich geändert – Ananas, Muskat, Zitronen – aus weitgereisten Früchten lassen sich wunderbare Desserts mit exotischen Aromen zaubern."
Yannick Germain

Die Caroline von der Post … und der Bruno von der Yacht

Klassisch und traditionell ist der Stil des geschichtsträchtigen Hauses, der sich durch alle Räume zieht – doch mit Caroline van Maennen und ihrem Partner Hervé Schmitt ist ein neuer Wind durch die Hotelzimmer und den Gastraum der Post gefegt. In der Küche wirbelt gekonnt der Weltenbummler Bruno Sohn, der sich dort sogleich 2016, und wieder einmal mehr in seiner Karriere, einen Michelin-Stern erkocht hat. Die drei Elsässer und das gesamte Team leben überzeugend elsässische Gastronomie und Hotellerie.

Seit 2009 ist Caroline van Maennen Eigentümerin des romantischen Drei-Sterne-Post-Hotels zusammen mit ihrem Partner Hervé Schmitt, der als Sommelier und Restaurantleiter schon seit dreizehn Jahren im Hause tätig ist. Ihr Vater Rolf van Maenen wurde während des Zweiten Weltkriegs in Berlin geboren und gelangte danach in die Niederlande – als Leidtragender eines sehr dunklen Kapitels deutscher Geschichte.

Als Generalmanager für große Hotelketten wie Sofitel oder Holiday Inn kam er mit seiner Familie weit herum. Carolines Eltern beschlossen dann, sich in Straßburg niederzulassen, wo sie zuerst das Hôtel Cardinal de Rohan und dann auch das Hôtel des Arts in eigener Regie eröffneten und betrieben.

Caroline van Maenen und ihr Bruder bekamen so von klein auf das tägliche Leben in einem Hotel mit auf den Weg. Während ihr Bruder sofort die Hotellaufbahn einschlug und zwei Hotels in Paris führt, scheute Caroline vor der Herausforderung zuerst einmal zurück. „In ein Hotel – nie!“, dachte sie und studierte erst Jura, legte aber doch auch eine Ausbildung im Hotel-Management ab. In den Semesterferien arbeitete sie in den elterlichen Betrieben und hatte dabei für einen längeren Zeitraum einen erkrankten Angestellten an der Rezeption zu vertreten. Das weckte den bisher zurückgedrängten beruflichen Wunsch, denn 2002 übernahm sie die Direktorenstelle im Hôtel des Arts.

Die Eltern wollten sich altersbedingt aus dem aktiven Geschäftsleben zurückziehen und Caroline hätte ohne weiteres in die beiden Betriebe einsteigen können – doch sie bestand auf ihrem eigenen Weg und diesen mit einem eigenen Betrieb zu gehen, den sie selbständig aufbauen wollte. Die elterlichen Betriebe wurden deshalb 2007 verkauft und schon im Februar 2009, nachdem sie vierzig Häuser besichtigt hatte, wurde das Relais de la Poste unter ihrer Regie eröffnet. Die Veränderung war für sie enorm, von der Stadt in ein Landhotel. Zudem war mit dem Wechsel in der Küche auch der bisherige Michelin-Stern weg. Doch nach und nach stellten sich die Erfolge ein, Caroline engagierte sich als Maître-Restaurateur, wurde Vizepräsidentin im Club Prosper-Montagné, Madame Commerce de France… und 2011 funkelte der Stern schon wieder über der Post.

Viele Gäste lieben das sympathische Schmuckstück, das direkt vor den Toren Straßburgs liegt. Amerikanische und asiatische Gäste finden dort einen Ort, der ihren Vorstellungen einer gewachsenen gastfreundlichen Tradition entspricht. Alle achtzehn Zimmer wurden geschmackvoll renoviert. Historische Wandmalereien und Bildkompositionen des Straßburger Münsters sowie vierteljährliche Wechselausstellungen gehen im modernen, hellen Restaurant nahtlos in die Bildwelt von Jean-Marie Guiny über, der vor allem die Stiere und Pferde der Camargue in seinen kolorierten Stahlstichen aufs Papier bannt.

Dort trifft ihre unzähmbare Kraft auf die gleichwertige Küchenkunst von Bruno Sohn. Er ist der Koch im Elsass, der mit Recht von sich sagen kann, er wäre der „Elsässer aus dem Süden“, denn seine Kochkunst und seine bisherige Laufbahn sind vom Mittelmeer bestimmt. Der in Illkirch zur Welt Gekommene schließt mit fünfzehn eine Lehre im Bahnhofsrestaurant in Gundershoffen ab, geht zur Armee und dann ins Maison Kammerzell nach Straßburg. 1992 erkocht er sich als einer der jüngsten Köche überhaupt einen Stern für das Foyer des Pêcheurs in Illkirch. Nach weiteren Stationen, u. a. bei Witzigmann in München eröffnet er sein eigenes Lokal, La Winstub de Bruno, in Obernai und erhält dort wieder einen Stern. Dann lockt ihn das Abenteuer aus dem Elsass: Er geht nach Hongkong in das 213 Meter hohe Shangria-Hotel und in das Restaurant Le Petrus, wo ihn schon ein Jahr später ein Gast als dessen Privatkoch abwirbt. Dieser Gast ist niemand Geringerer als der russische Milliardär Roman Abramovitch, der ihm das Gehalt verdreifacht! Bruno Sohn reist nun zwischen Moskau und London hin und her und bekocht die Familie und deren illustre Gästeschar aus Politik und Wirtschaft.

Doch es zieht Bruno Sohn wieder ans französische Mittelmeer, zur südlichen Aromen-Vielfalt. Er geht nach Nizza ins Palais de la Méditerranée – von dort engagiert ihn dann ein griechischer Milliardär für sieben Jahre auf seine Mega-Yacht. „Das waren einfach traumhafte Jahre“, schwärmt er noch heute und kehrt 2014 nach Obernai in sein Mon Bistrot zurück. „Ich kann nicht dreißig Jahre am selben Ort bleiben – das Leben hat so entschieden. “Seite Mitte 2015 ist der umtriebige Chef, den viele mit einem elsässischen Storch verglichen haben, in der Post gelandet. Denn diese fliegen auch in den Süden und kommen immer wieder – es gibt aber auch schon viele Störche, die dann einfach einmal im Elsass geblieben sind…

Chaud-Froid von Quiberon-Jakobsmuscheln mit getrüffeltem Sellerie

Vorspeise für 10 Personen
Vorbereitungs- und Kochzeit 2 Stunden

Zutaten

Getrüffelter Sellerie
½ Sellerie-Knolle
100 g Crème fraîche
30 g Nussbutter
Thymian und Lorbeerblatt
Salz und Pfeffer

Getrüffelter Geflügeljus
100 ml Geflügelsaft (fertig erhältlich im Feinkosthandel)
5 g gehackte Trüffel
Trüffelöl

Trüffelsahne
½ Liter Sahne
3 bis 4 Esslöffel getrüffelte Geflügel-Glace (geleeförmiger, stark eingekochter Geflügelfond, eigentlich salzlos und entfettet, im Fachhandel erhältlich oder aus dem Geflügelsaft selbst herzustellen)
Salz, Pfeffer

Basilikumöl
2 Bund Basilikum
100 ml Olivenöl

Selleriechips
Sellerie in Scheiben geschnitten
1 Eiweiß
Puderzucker
Salz
Olivenöl

Zubereitung der Jakobsmuschel für 1 Person
3 große Jakobsmuscheln
Trüffelöl
Gehackter Schnittlauch
Salz und Pfeffer

Zubereitung

Den Sellerie in Milch und Wasser mit Thymian und Lorbeerblatt kochen. Abtropfen lassen und mit dem Stabmixer pürieren. Die Crème fraîche und die Nussbutter lauwarm dazugeben.

Den Geflügelsaft eindicken, Trüffel und Öl beimengen. Abkühlen und ruhen lassen.

Trüffelsahne: Die Sahne aufschlagen und vorsichtig die Geflügel-Glace kalt einrühren. Abschmecken.

Das Basilikum kurz aufkochen und sofort abschrecken. Mit dem Olivenöl aufmixen und durch ein Siebtuch passieren.

Zwei Jakobsmuscheln in Scheiben schneiden. Im Trüffelöl und Schnittlauch marinieren. Die dritte Jakobsmuschel kurz anbraten und beiseitestellen.

Feine Selleriescheiben in Dreiecke schneiden und zwei Minuten im Dampf vorgaren. Eiweiß mit Puderzucker, Salz und Olivenöl verrühren, und die Selleriescheiben damit bestreichen. Mit Backpapier zwischen zwei Backblechen 15 Minuten bei 130 °C im Ofen garen.

Die Chips sollen leicht karamellisiert und durchschimmernd sein.

Anrichten

Einen Speisering in der Reihenfolge auffüllen: erst 2 cm von dem lauwarmen Püree, dann die Hälfte der marinierten Jakobsmuscheln im Kreis darauflegen, darüber 2 cm von der Trüffelsahne und nochmals einen Kreis marinierter Jakobsmuscheln.

Den Speisering lösen. Selleriechips rundum auslegen. Zuletzt die geschmorte Jakobsmuschel auflegen.

Rechts und links je einen Schuss Schnittlauch-Trüffelöl und Basilikumöl.

„Als ich die Post eröffnete, war ich auf der Suche nach einem außergewöhnlichen Küchenchef, der der Post wieder gastronomische Zugkraft und Zukunft verleihen konnte. Mit Bruno Sohn bin ich fündig geworden, denn wie sagte schon der von mir bewunderte Chefkoch und Gastro-Autor Prosper Montagné, der von 1865 bis 1948 lebte: »Man macht nichts Gutes, außer mit etwas sehr Gutem«."
Caroline van Maennen

Gefüllte Rotbarbe in der Pfanne nach Nizza-Art mit Rouille-Sauce

HAUPTGANG FÜR 8 PERSONEN
ZUBEREITUNGS- UND KOCHZEIT 2 ½ STUNDEN

ZUTATEN

ROTBARBE
8 tagesfrische Rotbarben à 150 g
400 g Spinat
60 g Weißbrotwürfel
100 g Tintenfisch
5 rohe Gambas (Größe 16/20)
3 Zitronen
1 Orange
Piment d'Espelette
1 Knoblauchzehe
1 Teelöffel Parmesan
Olivenöl
Salz, Pfeffer

FISCHSUPPE
1 kg Felsenfisch
1 Knoblauchknolle
2 weiße Zwiebeln
1 Fenchelknolle
1 Suppenlöffel Tomatenmark
¼ Liter Weißwein
1 Teelöffel Safranfäden
Fenchel- und Aniskörner
Thymian und Lorbeer
Olivenöl
Pastis

ROUILLE
1 Kartoffel
6 Knoblauchzehen (rosa Lautrec-Knoblauch)
2 Eigelb
¼ Liter Olivenöl
2 Messerspitzen Safranpulver
Salz, Pfeffer, Cayenne-Pfeffer

ZUM ANRICHTEN
½ Zitrone
Fischsud
Rouille
Eingelegte Tomatenscheiben
Fleur de Sel, Pfeffer
Olivenöl

FISCH

Die Rotbarben schuppen, ausnehmen und vorsichtig von der Rückenseite her entgräten. Filets und Bauchhaut sollen dabei nicht beschädigt werden. Kühl stellen.

Den Spinat mit einer Knoblauchzehe in Olivenöl andünsten. Die Brotwürfel in Olivenöl zu Croutons rösten. Die Gambas reinigen und würfeln. In einer heißen Pfanne in Olivenöl anbraten. Ebenso mit dem Tintenfisch verfahren. Etwas Zitronen- und Orangenschale dünn abstreifen und in kochendem Wasser blanchieren.

Den Spinat grob zerhacken, dazu alles Obige in einer Schüssel vermischen, abschmecken und mit dem Parmesan binden. Den Fisch mit dieser Farce füllen und zubinden, damit er während des Garens nicht aufbricht.

Die Barben auf beiden Seiten anbraten. Sie mit etwas Olivenöl und dem Fischsud in eine ofenfeste Platte legen. 8 Minuten bei 160 °C im Backofen garen, regelmäßig mit dem Fischfond begießen.

FISCHSUPPE

Die Felsenfische wässern. Zwiebel, Fenchel und Knoblauch kleinhacken und in einer runden Kupferpfanne in etwas Olivenöl andünsten und zu einem Kompott garen lassen. Fische und Tomatenmark hinzufügen. Noch ein bisschen weiterdünsten.

Zunächst mit Pastis, dann mit dem Weißwein ablöschen und leicht einreduzieren. Knapp mit Wasser bedecken und 30 bis 45 Minuten sanft köcheln. Den Safran und die Kräuter etwa 10 Minuten vor Ende dazugeben. Alles durch die Gemüsemühle drehen, absieben und zur Hälfte reduzieren.

ROUILLE

Die Kartoffel im Wasser kochen. Knoblauch andünsten. Alle Beilagen außer dem Olivenöl im Mixer pürieren. Mit dem Öl aufschlagen. Abschmecken. Wenn die Rouille zu fest ist, kann man etwas Fischsuppe einrühren. Die Haltefäden von den Rotbarben entfernen. Den Fischjus mit der Rouille aufschlagen, Saft einer halben Zitrone beigeben.

ANRICHTEN

Je 1 Rotbarbe im Teller mit der Rouille-Sauce und einem Schuss Olivenöl beträufeln, Pfeffer aus der Mühle und eine Prise Fleur de Sel. Zur Garnitur ein paar Scheiben eingemachte Tomaten.

„Amitiés gourmandes, kann ich da nur sagen – mit einem derartigen Fischgericht hole ich meinen Gästen das Mittelmeer ins Elsass! Wir leben im Elsass zwar auch in einer mit herrlichen Produkten und Weinen privilegierten Landschaft. Doch ab und an muss man auch über den Tellerrand hinausschauen. Da ich lange um das Mittelmeer gelebt und gearbeitet habe, liebe ich die südlichen Aromen."
Bruno Sohn

Château de Pourtalès, ein Ort der Begegnung

Die große Eingangstür des Schlosses öffnet sich und man meint von Ferne, noch das knisternde Rauschen der Röcke der schönen Comtesse Mélanie zu hören. In den Räumen pflegten sie und ihr Mann Graf Edmond hochrangige Gäste aus dem kaiserlichen Deutschen Reich und dem monarchistischen Frankreich zu empfangen. Der Ort der deutsch-französischen Treffen wurde mit Familie Leibrecht zu einem Ort transatlantischer und europäischer Begegnung und zu einem verwunschen gelegenen Hotel inmitten eines außergewöhnlichen und stadtnahen Parks.

Um 1750 wurde das Schloss mit dem weitläufigen Park von der Industriellenfamilie de Renouard-Bussière errichtet. Zu einer Blüte deutsch-französischer Begegnungen wird der Ort mit Graf Edmond von Pourtàles-Gorgier (1828-1895) durch die 1857 erfolgte Heirat mit Comtesse Mélanie Renouard de Bussière (1836-1914), einer Hofdame Kaiserin Eugénies. Graf Pourtalès stammte von schweizerisch-preußischen Eltern ab, wurde Bankier in Paris und Straßburg und widmete sich ab 1870 der Politik.

Nach dem Umzug der Familie Pourtalès ins Elsass führte Comtesse Mélanie ihren literarischen Salon fort und ließ sich für ihre umfangreiche Bibliothek einen Turm erbauen. Hochrangige Gäste gingen im Hause ein und aus: Napoléon III., Kaiser Wilhelm, der I. und der II., Ludwig I. von Bayern, die badischen Großherzöge, Fürst Metternich, Musiker wie Franz Liszt, von dem Melodien auf dem selbstspielenden Klavier zu hören sind, oder Maler wie der aus dem Schwarzwald stammende Franz Xaver Winterhalter, der Mélanie in der ihm eigenen Weise porträtierte. Eine Kopie des Bildes hängt im Schloss – das Original im Louvre!

Der Unterhalt des großen Hauses wurde für die Familie immer aufwändiger, sodass die Stadt Straßburg, als neue Eigentümerin, einen Abriss ins Auge fasste. 1972 erstand Dr. Walter Leibrecht das leerstehende und völlig verkommene Gebäude, um darin für ein Vierteljahrhundert amerikanische Studenten der von ihm 1963 gegründeten Schiller University unterzubringen. Leibrecht (1927-2007) wurde in Karlsruhe geboren. Die Erlebnisse der letzten Kriegstage führten ihn zu einem Theologiestudium und ließen ihn einen der ersten Studenten werden, denen ein Studienaufenthalt in den USA ermöglicht wurde. Später wurde er als Professor bis nach Cambridge/Massachusetts und Harvard bekannt. Mit seinem Geld erwarb er Hotels und Schlösser, wie das Schloss Ingersheim mit seinen fünfunddreißig Zimmern, das für seine damals siebenköpfige Familie und auch Studenten der Schiller University groß genug war. Ihnen sollte durch den Aufenthalt ein Bezug zu Europas Kultur vermittelt werden.

Ulrike und Harald Leibrecht sind heutige Schlossherren. Harald Leibrecht (*1961), der von 2002 bis 2013 als Politiker im Deutschen Bundestag wirkte, studierte im Laufe der Jahre unter anderem auch in Straßburg Internationale Betriebswirtschaft.

Das Château wurde nach dem Tod des Vaters unter seiner Regie zu einer neuen Destination. Begeisterte erste Gäste sind vor allem Europaabgeordnete aller Fraktionen, die den Charme des Hauses, seine diskreten Rückzugsmöglichkeiten sowie die Nähe zum Europaparlament schätzen. „Doch am Anfang", lacht Harald Leibrecht, „hatten wir kein Geld, um die Zimmer korrekt zu sanieren und um individuelle Bäder einzurichten." Die Abgeordneten bezahlten für eine gewisse Zeit ihre Aufenthalte im Voraus und mit dem Kapital konnten die ersten baulichen Maßnahmen eingeleitet werden. Inzwischen weist das 2009 eröffnete Drei-Sterne-Hotel mit dem Nebengebäude Chalet achtundzwanzig komfortabel eingerichtete Zimmer auf und ebenso viele, einfach gehaltene Studentenzimmer.

Diese werden beibehalten, denn Leibrecht, der in den USA geboren wurde, ist ebenso wie sein Vater geprägt vom amerikanischen Gedanken des *give back*. So will er auch sein politisches Engagement verstanden wissen, das ihn bis zum Koordinator der auswärtigen Beziehungen werden lässt, der mit den Präsidenten Obama und Putin zusammentraf und dem die deutsch-amerikanischen Beziehungen naturgemäß wichtig sind.

Seine Frau Ulrike, die ebenfalls Betriebswirtschaft studierte, kümmert sich neben dem Hotelbetrieb auch um die erworbene Reiseagentur Destination. Beiden ist das GIVE, das Global Institute for Values and Education, ein Herzensanliegen, denn mit ihm wandelt sich der einstige literarische Salon der Comtesse Mélanie zu einem Ort der Bildung und Fortbildung im Bereich der Persönlichkeitsentwicklung und der interkulturellen Kompetenz.

An der Einfahrt zum Schlosspark gelegen befindet sich die schmucke Winstub Le Jardin de Pourtalès, die Cédric Cinex aus Caen, der mit einer Elsässerin verheiratet ist, gepachtet hat. Im Service der Innenräume auf zwei Etagen und der einladenden Terrasse mit hundertfünfzig Plätzen wirbelt Elvira.

In der Küche des beliebten Ausflugslokals wirkt eine engagierte Küchenmannschaft, die sowohl für Spaziergänger und Radler kleine Leckereien zubereitet, aber auch ein beliebtes Ziel für einen schmackhaften Mittagstisch ist. Auf der einladenden Terrasse des Lokals herrscht an schönen Tagen reger Betrie.

Königinpastete nach traditioneller Art

FÜR 10 PERSONEN
ZUBEREITUNGS- UND KOCHZEIT 1 STUNDE

ZUTATEN

1,5 kg Hühnerfilet (Hühnerbrüste)
1,5 kg Kalbsnuss
2 Karotten
1 Stange Lauch
150 g Champignons
½ Liter Geflügelbrühe
½ Liter Sahne
½ Liter Weißwein
1 Zwiebel
Olivenöl
Pfeffer, Salz, Muskat
Pasteten
Blätterteig (blechfertig)

Die Hühnerfilets und das Kalbfleisch in Würfel schneiden. Karotten, Lauch und Champignons in feine Scheiben schneiden. Die Zwiebel klein hacken. Das Gemüse in etwas Olivenöl bei mäßiger Hitze andünsten. Das Fleisch hinzufügen, nicht anbraten. Mit dem Weißwein löschen, etwas einkochen lassen, den Fond und die Sahne hinzufügen. 30 Minuten schmoren lassen. Wenn nötig, die Sauce etwas eindicken. Abschmecken.

Den Blätterteig in Vierecke schneiden (8 x 8 cm). Mit einem aufgeschlagenen Ei bestreichen. Bei 200 °C 18 Minuten backen. So entstehen hübsche Pastetchen als Begleitung für die Hühner- und Kalbfleischsauce.

„Ein typisches Rezept, was auf beiden Seiten des Rheins gekocht wird und als ideale Vorspeise dient. Es war aber auch oft der Hauptgang an traditionellen Feiertagen und wurde seiner Einfachheit und der kurzen Zubereitungszeit wegen an Weihnachten oder an Silvester auf den Tisch gebracht. In unserer Winstub ist es ein beliebtes Mittagsgericht."
Cédric Cinex

Unsere Schwarzwälder Kirschtorte

FÜR 10 PERSONEN
ZUBEREITUNG UND BACKZEIT: 90 MINUTEN

ZUTATEN

BISKUITTEIG
50 g Mehl
20 g Kartoffelmehl
40 g Kakao
6 Eier
20 cl Kirschwasser
250 g Grießzucker
50 g zerlassene Butter
eine Prise Vanillepulver

FÜLLUNG
200 g eingemachte Sauerkirschen, den Saft abgießen und getrennt halten
1 Liter flüssige Sahne
15 cl Kirschwasser, 18-prozentig

DEKORATION
80 g dunkle Schokolade, geraspelt
10 Sauerkirschen

Den Backofen auf 200 °C vorheizen.

Den Backring einfetten, auf ein mit Backpapier ausgelegtes Blech legen und kalt stellen. Mehl, Kartoffelmehl, Kakao und Vanillepulver gemeinsam in einer Schüssel durch ein feines Sieb geben. Eigelb und Eiweiß trennen. De Eigelb mit 75 g Zucker schlagen. Eiweiß zu festem Schnee schlagen und langsam 75 g Zucker einrühren.

Die zerlassene Butter und die Mehl-Kakao-Mischung unter das Eigelb mischen. Den Eischnee vorsichtig unterrühren, bis die Teigmasse ganz glatt ist. In den Backring einfüllen und 35 Minuten backen. Mit einem Messer prüfen, ob der Teig fest ist. Den fertigen Teig auf einem Gitterrost abkühlen lassen.

15 cl Kirschwasser mit 20 cl Saft von den Sauerkirschen verrühren.

Die Sahne schlagen. Den restlichen Zucker und die Mischung aus Kirschwasser und Saft vorsichtig einrühren.

Die Oberfläche des Biskuitteigs ebnen und in drei runde Scheiben zerteilen. Die erste Scheibe auf eine runde Platte legen und mit dem Sirup beträufeln. Mit einem Teil der Sahnemischung bestreichen, glatt streichen, mit Sauerkirschen belegen.

Die zweite Teigscheibe auflegen und die Prozedur wiederholen. Ebenso mit der dritten Scheibe verfahren, aber nur mit einer dünnen Sahneschicht bestreichen. Die Seiten der Torte ebenfalls bestreichen.

Mit Sauerkirschen und Schokoladeraspeln dekorieren. Kühl aufbewahren.

„Ich habe das Rezept »unserer« Schwarzwälder Kirschtorte ausgewählt und zubereitet, zum einen weil es eine kleine Hommage an den Schwarzwälder Maler Winterhalter ist, der unsere Mélanie so schön gemalt hat, zum anderen weil ich sie mit Zutaten aus dem Elsass zubereite, woher die Kirschen und das Kirschwasser kommen. Bei schönem Wetter bestellen die Spaziergänger sehr häufig Schwarzwälder Kirschtorte – dann müssen wir immer genug Vorrat im Kühlen stehen haben.“
Cédric Cinex

Elitär & populär – binational & bimedial Arte, die deutsch-französischen Fernsehaugen

Fernsehen kann man sehen und hören – doch beim deutsch-französischen Fernsehsender Arte können Mitarbeiter und Gäste des Hauses, Fernsehen auch kulinarisch genießen! Philippe Marxer zaubert mit seinem Kollegen Olivier Schaeck und dem Kochteam jeden Tag mehrere Gerichte für das hauseigene Restaurant auf den Tisch. Der europäische Kultursender besitzt bekanntlich ein außergewöhnliches Programm – kongenial begleitet von einem ebenso erfindungsreichen wie authentischen Speiseplan. Unter der gutmütigen Aufsicht des inzwischen weltbekannten *Giraffenmanns* von Stephan Balkenhol.

Ab 1988 überlegte man sich auf politischer Ebene, der deutsch-französischen Verbindung auch mit der Gründung eines gemeinsamen Fernsehsenders mehr Gewicht zu verleihen. Der französische Präsident François Mitterrand und Bundeskanzler Helmut Kohl gaben dazu den Anstoß. Beide hatten sich schon 1984 symbolträchtig auf dem Schlachtfeld von Verdun die Hand gereicht und später den Grundstein zur Einrichtung einer deutsch-französischen Brigade gelegt. Der zwischenstaatliche Vertrag zur Gründung von Arte wurde am 2. Oktober 1990 zwischen dem damaligen französischen Kulturminister Jack Lang und zehn Ländervertretern aus der Bundesrepublik geschlossen.

So beschnitten das 1992 entstandene Logo von Arte im unteren Bereich im Raum steht und immer wieder gestalterisch verändert wurde, so versuchte der Sender von Anfang an, traditionelle Sehgewohnheiten zu brechen. Aus dem fest strukturierten und werbefreien Programm ragen die Dokumentationen und die Spielfilm- und Serienabende heraus. Besonders im Magazin „Karambolage" prallen deutsche und französische Eigenschaften aufeinander.

Dazu gehört z. B. auch die erforderliche Rücksichtnahme auf die Sehgewohnheiten der deutschen und französischen Zuschauer, was sich in den Sendezeiten der Nachrichten Arte Journal und dem jeweiligen Beginn des Hauptprogramms ausdrückt.

In Frankreich arbeitet man länger, isst später und kommt erst um 20.50 Uhr oder noch später dazu, sich etwas anzuschauen – während man in Deutschland auf die Primetime um 20.15 Uhr konditioniert ist. 20 % der Programme werden in Straßburg produziert, 40 % liefert Arte France und 40 % kommen von Arte Deutschland TV Gmbh, deren Gesellschafter ARD und ZDF sind. Der Sender wechselt alle vier Jahre die deutsch-französisch besetzte Leitung – in der Zentrale am Quai Chanoine-Winterer arbeiten 430 Personen.

Das binationale Element wird in jährlich stattfindenden interkulturellen Seminaren aufgearbeitet. Wichtige Dinge werden in Frankreich lieber bei einem gemeinsamen Essen besprochen und deshalb kam es für die Deutschen zu ungewohnten Mittagspausenregelungen. Für alle gilt die französische Pausenzeit zwischen 12 und 14 Uhr, somit kommen täglich von Montag bis Freitag fast 380 Mitarbeiterinnen und Mitarbeiter in den Genuss eines ausgiebigen Mittagessens mit mehreren Vorspeisen, Gerichten (auch vegetarischen, glutenfreien und bio) und Desserts. Abends und am Wochenende gibt es Essen für eine kleine Anzahl von Mitarbeitern, die den Sendebetrieb steuern.

Das Restaurant, für das die Bezeichnung Kantine nicht angebracht wäre, führt der aus Saverne stammende Philipp Marxer. Seine Kochausbildung absolvierte er im Restaurant „Chez Jean" in Saverne. Danach wechselte er in eine Catering-Unternehmensgruppe in Straßburg. Zahlreiche Fortbildungen, wie z. B. bei den Drei-Sterne-Köche Marc Veyrat in Annecy und Michel Bras in Laguiole, machten ihn zu dem, was er heute ist. Von seinen Kreationen profitieren die Arte-Mitarbeiter sowie ARTE-Besucher.

Seit dem Neubau des Gesellschaftssitzes von Arte 2003 sind er und Olivier Schaeck dabei und haben das Restaurant mit aufgebaut. Das „nichtöffentliche" Restaurant, für die Angehörigen von Arte, bietet einen Blick über die Terrasse zur Ill – im Stock darüber befindet sich, mit einem noch spektakuläreren Blick, das Club-Restaurant mit dreißig Plätzen für besondere Gäste und Anlässe. Auch bei außergewöhnlichen Arte-Veranstaltungen ist das Kochtalent von Philippe Marxer mit seinem Team gefragt.

„Es ist für uns eine große Herausforderung", sagt Philippe Marxer, „jeden Tag abwechslungsreich zu kochen, denn die Mitarbeiterinnen und Mitarbeiter sind zum Teil schon seit Jahren hier und da müssen wir immer etwas anderes und auch Überraschendes vorhalten, was allen schmeckt!"

Irland-Bio-Lachs im Ingwer-Limetten-Bouillon, Drei-Rettich-Tartar an Reisessig und Wasabi

VORSPEISE FÜR 4 PERSONEN
ZUBEREITUNGS- UND KOCHZEIT 1 ½ STUNDEN

ZUTATEN

4 Scheiben Lachs (Rückenfilets)
Pak Choi und Reis-Fadennudeln für die Dekoration

RETTICH-TARTAR
20 g roter Rettich, z. B. Ostergruß
20 g schwarzer Rettich
20 g Radieschen
Radieschen-Sprossen, z. B. Daikon-Kresse
Wasabi
Reisessig
Salz, Pfeffer

LIMETTEN-INGWER-BOUILLON
200 ml Gemüsebrühe
1 Limette
50 g frischer Ingwer
1 Liter Sahne
30 g Butter

Die Rettiche und die Radieschen in etwa 2 mm kleine Würfel schneiden. Mit Reisessig und etwas Wasabi, Salz und Pfeffer aus der Mühle würzen.

Die Gemüsebrühe erhitzen, geriebene Limettenschale, Limettensaft und Sahne hinzufügen. 5 Minuten reduzieren, abdecken und 10 Minuten ziehen lassen.

Die Lachsscheiben mit geraspeltem Ingwer würzen und 10 Minuten bei 60 °C im Backofen aufwärmen (Kerntemperatur 45 °C).

Die Bouillon absieben. Mit Salz und Reisessig abschmecken. Die Butter dazugeben. Mit dem Stabmixer schaumig emulgieren.

Anrichten: Pak Choi blanchieren und je ein Blatt auf einen Teller legen. Darauf die halbgare Lachsscheibe und das Rettich-Tartar. Abschließend mit frittierten Reis-Fadennudeln und Radieschen-Kresse garnieren. Im letzten Moment die aufgeschlagene Bouillon heiß darübergießen.

„Ich habe keinen festen Plan, was es nächste Woche gibt. Ich frage meinen Biogärtner, was er saisonal gerade liefern kann, und erst danach wird ein Speiseplan für die Woche erstellt. Jeder Koch ist aufgefordert, ein Rezept z. B. zu einem Gemüse zu entwerfen und wir entscheiden dann gemeinsam, was dazu noch passen könnte – das Einzige, was unsere deutschen Mitarbeiter vermissen, wie wir aus Umfragen wissen, ist eine Currywurst!“
Philippe Marxer

Knuspriges von der confierten Kalbshaxe, Patidou-Kürbis mit Foie-Gras-Füllung, Bio-Saisongemüse von Jean-Christophe Sussmann

HAUPTGANG FÜR 4 PERSONEN
ZUBEREITUNGSZEIT 6 STUNDEN

ZUTATEN

Brick- oder- Filoteig

CONFIERTE KALBSHAXE
1 Kalbshaxe
1 Karotte
¼ Sellerie-Knolle
2 Knoblauchzehen
1 Zweig Thymian
1 weiße Zwiebel

GEFÜLLTER KÜRBIS
1 Patidou-Kürbis (sweet dumplig)
50 g Enten-Foie-gras
50 ml Sahne
1 Ei

GEMÜSEGARNITUR
1 Patidou-Kürbis
2 Knoblauchzehen
4 Blätter Grünkohl, blanchiert
8 Kartoffelchips (schwarze Vitelotte)
50 g Butter

Die Kalbshaxe im gusseisernen Topf von allen Seiten anbraten. Alle Beilagen, weiße Zwiebel ungeschält, hinzufügen. Würzen. Bei 100 °C ca. 4 Stunden mit Deckel im Ofen garen.

Am Ende der Garzeit das Fleisch klein auseinanderfieseln, die weiteren Zutaten ebenfalls kleingeschnitten dazugeben. Die Zwiebel zum Garnieren aufbewahren. Abschmecken.

Mit Hilfe von Frischhaltefolie kleine Rollen formen und kalt stellen.

Den Kürbis aushöhlen und in Wasser vorkochen. Foie Gras, Sahne und Ei würzen und zusammenmixen. Den Kürbis damit füllen und 20 Minuten bei 100 °C im Ofen garen.

Den zweiten Kürbis klein aufschneiden und mit Knoblauch und 50 g Butter zu Püree verarbeiten.

Haxenröllchen aus der Frischhaltefolie nehmen und anschließend in Brick- oder Filoteig einrollen. Anbraten und zum Anrichten aufschneiden.

Je drei Tupfer Püree auf die Teller geben, Kalbshaxenröllchen auflegen.

Je ein Viertel des gefüllten Patidou-Kürbisses, Blätter vom Grünkohl und schwarze Kartoffelchips beigeben. Die confierte Zwiebel aufbrechen und die einzelnen Stücke auf die Teller legen.

Zum Schluss mit etwas Kalbsjus (aus dem Bratentopf) übergießen.

„Alles, was wir hier mit unserem fünfköpfigen Küchenteam kochen, wird auch von uns hergestellt, es gibt keinerlei Convenience-Produkte. Wir kaufen das Fleisch in einem Umkreis von dreißig Kilometer und nur ganze Tiere, von denen wir auch alles verwerten. Ebenfalls kaufen wir lokal unser Biogemüse ein, was im Jahr eine Menge von gut zwanzig Tonnen ausmacht."
Philipp Marxer

Immer der Ill entlang … Von Illhaeusern bis Straßburg, von der Auberge bis zum Haras

Wo einst Pferde der deutsch-französischen Reitakademie in ihren Boxen eingestellt waren und mit ihren Reitern fleißig ihre Runden drehten, ist François Bauer in der Küche nun Chef in der Manege. Symbolisch durchzieht das Hufeisen den renovierten Gebäudekomplex, von der offenen Küche, der Bar und Gästerezeption bis über die geschwungene Treppe ins Obergeschoss. Familie Haeberlin und vor Ort Maxime Muller, Sohn von Isabelle Haeberlin, haben es auch in Straßburg erreicht, einen beeindruckenden und schnell zum Kult gewordenen Verwöhn-Ort zu schaffen.

Nächste Seiten:
Die vom Straßburger Architekturbüro Denu et Paradon entwickelte Konzeption, die vom Büro der Innenarchitekten Jouin und Manku raffiniert umgesetzt wurde, erhielt inzwischen auch internationale Preise, so in London den The Restaurant & Bar Design Awards. Unter 860 Restaurants in 60 Ländern wurde Les Haras zudem als erstes Restaurant in Frankreich zum best restaurant au monde ausgezeichnet. Professor Jacques Marescaux, Gründer des IRCAD und des damit verbundenen Biocluster-Unternehmens, hatte auch die Idee zu diesem beeindruckenden medizinischen wie gastronomischen Vorhaben.

Wer schafft es im Elsass, aus einem Pferdestall und einer Reithalle ein beeindruckendes Restaurant mit Hotel zu gestalten? Es gibt nur eine Antwort: Die Familie Haeberlin aus Illhaeusern, bei der ganze Heerscharen von badischen und deutschen Köchen einmal gearbeitet haben.

Ihre Erfolgsgeschichte ist bekannt: Die Auberge de l'Ill bekam 1952 einen Michelin-Stern und wird seit 1967 ununterbrochen mit drei Sternen ausgezeichnet. Paul Haeberlin legte mit seinem Bruder Jean-Pierre den Grundstein zum Erfolg – sein Sohn Marc ging nach dem Besuch der Hotelfachschule in Straßburg in den Erbprinz im badischen Ettlingen, dann zu Bocuse, den Gebrüdern Troisgros, zu Lasserre, während seine Schwester Danielle ebenfalls die Hotelfachschule besuchte und nun im Hause für den Empfang der Gäste verantwortlich ist.

Marc Haeberlin hat es verstanden, das erfolgreiche Gastronomiekonzept nach Japan zu exportieren und hat seit 2007 in Nagoya, Tokio und Sapporo Restaurants eröffnet. Warum also nicht auch im nahen Straßburg ein Restaurant eröffnen? 2009 vermietete die Stadt Straßburg dem 1994 vor Ort gegründeten medizinischen Forschungsinstitut IRCAD das Gebäudeensemble mit der Maßgabe, es zu renovieren und über den eigenen Bedarf hinaus einer Nutzung zuzuführen. Drei Jahre lang wurde unter Aufsicht aller verfügbaren Denkmalschützer daran gearbeitet, das Forschungsinstitut, ein Hotel und ein Restaurant darin unterzubringen. Die Beziehung des Objekts zur Familie Haeberlin wird schon im Logo des Haras augenfällig, das eng an den Schriftzug der Auberge angelehnt ist. Das Vier-Sterne-Hotel besitzt fünfundfünfzig geschmackvoll eingerichtete Zimmer und in der Brasserie können täglich mittags und abends auf zwei Ebenen hundertzwanzig Essen gleichzeitig serviert werden.

Überall durchzieht das Flair des ehemaligen nationalen Gestüts („haras"), das von 1845 bis 2005 hier untergebracht war, das Restaurant. Schon 1621 wurde eine Reitakademie in Straßburg gegründet, die jungen deutschen und französischen Studenten die Möglichkeit bot, ihre Reitausbildung zu vervollkommnen. Heute kommt man im Hof an einer überlebensgroßen Pferdeplastik vorbei. Nachdem man den Wagenschlüssel abgegeben hat, damit das Auto im Hof kunstvoll eingeparkt werden kann (Parkplätze sind in der Gegend Mangelware), stößt man auf die offene Küche und die Bar. Beide sind in der Form eines Hufeisens gestaltet. Die Hocker erinnern an einen Sattel und der Treppenaufgang beeindruckt durch die geschwungene Holzkonstruktion, die die Bewegung der Bar nach oben fortsetzt. Im oberen Stockwerk kann man sich in einen hufeisenartig gestalteten und abgetrennten Raum zurückziehen.

In der Küche ist seit der Eröffnung François Baur tätig, der ruhig und besonnen seine Brigade dirigiert und immer noch letzte Hand anlegt, wenn die Gerichte aus der Küche dem Servicepersonal gereicht werden. Dieses muss sportlich ambitioniert sein, denn es gilt, die Gerichte auch die Treppe hochzutragen. Doch so ruhig war der weitgereiste Küchenchef zur Eröffnung der Brasserie nicht. „So etwas habe ich noch nie erlebt, das war die größte Herausforderung meines Lebens", sagt er, noch immer mit einem entsprechenden Gesichtsausdruck. „Wir hatten täglich 500 Anrufe für Reservierungen!"

François Baur war auf der Hotelfachschule in Illkirch, arbeitete während seines Militärdienstes im Offizierscasino in Straßburg, später im Grand Hyatt Hôtel Martinez in Cannes, im Tantris in München, bei Anne-Sophie Pic, im Trois Rois in Basel und natürlich in der Auberge de l'Ill bei Marc Haeberlin. Drei Jahre war er danach in den USA unterwegs. „Es reizte mich, in einer international besetzten Brigade zu arbeiten und zu entdecken, wie weit man dort mit der französischen Küche kommen kann." Wieder zurück in Frankreich kochte er acht Jahre im Straßburger Coq Blanc und brachte seine Fähigkeiten bei der Neueröffnung der Brasserie du Scala in Straßburg-Neudorf ein.

Am Erfolg des Haras hat Maxime Muller, Sohn von Isabelle Haeberlin, der Frau von Marc Haeberlin, einen sehr großen Anteil. Maxime absolvierte erfolgreich die Hotelfachschule in Illkirch und dann das Institut Paul-Bocuse. Neben seinen zahlreichen Praktika in der ganzen Welt, von Singapur bis Kanada und auch in der Traube in Baiersbronn, war er von Anbeginn an in das Projekt des Haras eingebunden. Unaufgeregt und kompetent füllt er die auf ihn zugeschnittene Rolle des Direktors der Brasserie aus und führt beispielgebend das fast fünfzigköpfige Team. Seine Mutter Isabelle engagiert sich im Verein Épices (Espaces de Projets d'Insertion Cuisine Et Santé), der sich seit 2009 um eine gesunde Ernährung als Basis eines gedeihlichen Zusammenlebens unabhängig von Herkunft oder sozialer Schicht kümmert.

HARAS
BRASSERIE

VIN D'ALSACE
DUSSOURT
RESERVE PRESTIGE
2013
BLIENSCHWILLER
SYLVANER

Panierter Kalbskopf, Sauce Gribiche, Feldsalat

VORSPEISE FÜR 4 PERSONEN
ZUBEREITUNGS- UND KOCHZEIT 12 STUNDEN / ABKÜHLUNG 4 STUNDEN

ZUTATEN

1 ganzer Kalbskopf, zweigeteilt, ungesalzen
2 Karotten
1 Stange Lauch
½ Knolle Sellerie
2 Zwiebeln
100 g Dijon-Senf
20 g Melfor-Essig
700 g Feldsalat
15 g Salz
Petersilie, Knoblauch und Pfeffer
Thymian, Lorbeer
Mehl, Ei
Paniermehl

SAUCE GRIBICHE
2 weichgekochte Eier
1 hartgekochtes Ei
50 ml Olivenöl
50 ml Sonnenblumenöl
2 g Salz
8 g Kapern, kleingehackt
25 g Essiggurken, kleingehackt
5 g Anchovis, kleingeschnitten
25 g Schalotten, kleingehackt und blanchiert
5 g Dijon-Senf
5 g Karpfenjus
5 g Schnittlauch, kleingeschnitten
5 g Petersilie, kleingehackt
Piment d'Espelette

VORBEMERKUNG

Wenn man einen ganzen, gereinigten Kalbskopf kauft und diesen kocht, benötigt man nur die Hälfte zur Zubereitung für 4 Personen und kann die andere Hälfte des Fleisches einfrieren.

ZUBEREITUNG KALBSKOPF

Viel Wasser mit Karotten, Lauch, Sellerie, Zwiebeln, Petersilie, Knoblauch, Thymian, Lorbeer, Salz und Pfeffer in einem großen Topf zum Kochen bringen. Den Kalbskopf dazugeben, gegebenenfalls zum Bedecken Wasser nachfüllen und so lange kochen (2 bis 3 Stunden), bis das Fleisch ganz zart ist.

Herausnehmen und in kleine, etwa 3 cm große Stücke zerschneiden. Mit Salz, Essig und Senf würzen. Das Ganze in eine Terrine pressen, mit Klarsichtfolie abdichten und über Nacht abkühlen lassen.

Den Kalbskopf aus der Terrine herausnehmen und in 2 cm dicke Scheiben schneiden, diese wiederum in Dreiecke schneiden. Mit Salz und Pfeffer bestreuen und panieren (mit Mehl, Ei und Paniermehl). In der Fritteuse ausbacken.

ZUBEREITUNG SAUCE GRIBICHE

Für die Sauce, zwei weiche Eier in eine große Edelstahlschale geben. Mit dem Oliven- und dem Sonnenblumenöl emulgieren. Die restlichen Zutaten beigeben. Das harte Ei kleinwürfeln und untermischen.

ANRICHTEN

Zwei Stück vom frittierten Kalbskopf auf einen flachen Teller legen. Feldsalat mit etwas Melfor-Essig beträufeln. Den Kalbskopf mit Sauce umgeben und mit ein paar Bündeln Feldsalat garnieren.

„Das Rezept habe ich ausgewählt, weil es ein typisches Gericht der gesamten Region am Oberrhein ist. Es wird zwar immer schwieriger, einen schönen Kalbskopf zu finden, doch ein guter Metzger kann immer einen besorgen. Viele wissen gar nicht, dass vor allem in Deutschland aus dem Fleisch des Kalbskopfs Wurst gemacht wird, so vor allem die berühmte Münchner Weißwurst. Ich finde aber, dass gerade panierter Kalbskopf eine wahre Köstlichkeit ist."

François Baur

Saibling, Sahnesauerkraut, Emulsion aus Meerrettich und Forellenkaviar mit Salzkartoffeln

HAUPTGERICHT FÜR 10 PERSONEN
ZUBEREITUNGS- UND KOCHZEIT 1 ½ STUNDEN

ZUTATEN

1,5 kg Saibling
1 kg Sauerkraut
15 Schalotten
200 g Butter
75 cl / 1 Flasche Crémant d'Alsace
200 g Crème fraîche
3 Lorbeerblätter
Etwas Hühnerbrühe
Mehlschwitze
Flüssige Sahne
Sahnemeerrettich
30 Kartoffeln

ZUBEREITUNG SAIBLING

Aus den Saiblingfilets je etwa 150 g große Stücke ausschneiden. Auf der Hautseite etwa 4 Minuten andünsten. Nicht wenden, das Fleisch soll dabei rosa bleiben.

ZUBEREITUNG SAHNESAUERKRAUT

Für das Sauerkraut, 15 Schalotten in reichlich Butter anschwitzen. Mit Crémant ablöschen. Das zweimal gewässerte Sauerkraut hinzufügen. Wenn es gar gedünstet ist, 3 Lorbeerblätter dazugeben, die Crème fraîche und etwas Hühnerbouillon einrühren. Nochmal 6 Minuten aufkochen und mit Mehlschwitze binden. Das Sauerkraut sollte noch knackig sein.

ZUBEREITUNG SAUCE UND SALZKARTOFFELN

Für die Sauce, Meerrettich in die erhitzte Sahne einrühren. Abschmecken. Wenn nötig, mit etwas Mehl binden.

Die Kartoffeln kochen (Pellkartoffeln), schälen, rasch durch heiße Butter mit Petersilie ziehen.

„Straßburg ist eine Stadt, die vom Wasser umgeben ist. Ich bereite deshalb gerne Fischgerichte zu. Der Saibling ist ein hervorragender Speisefisch, den es als See- und Bachsaibling gibt, aber auch seit über hundert Jahren in einer Kreuzung der beiden Fischarten zum Elsässer Saibling. Er vereint von beiden Linien das schnelle Wachstum des einen mit dem qualitätsvollen Fleisch des anderen. Der Elsässer Saibling sollte deshalb zum Symboltier des Elsass werden, denn im Elsass kann man sich ja auch von der anderen Seite des Rheins positive Anregungen holen."
François Baur

Strasbourg-Kehl, mit der Tram vom Backhaus Dreher zum Backhaus Dreher

Fleißig wird in der Backstube der Familie Dreher in Kehl gearbeitet. Freundlich werden dann die Brot- und Kuchenspezialitäten sowohl in den Filialen im Badischen und in Straßburg über die Theke gereicht. Wer kann dieser Charme-Offensive widerstehen? Die Einrichtung eines ersten und dann eines zweiten Geschäfts in zentraler Innenstadtlage Straßburgs war ein mutiger Schritt, doch der Erfolg gibt dem Juniorchef Sebastian Dreher mehr als Recht.

Das Firmenschild des Backhauses Dreher am Kehler Rathausplatz zeigt einen fleißigen Bäcker, der wohl einen Gugelhupf trägt. Im Stammhaus werden alle Backwaren frisch und von Hand gefertigt und umgehend in täglichen Lieferungen an die rund zwanzig Filialen verteilt. Mit seinen hundertachtzig Angestellten wird das Backhaus, eine Konditorei und eine Catering-Abteilung und im Stammhaus auch ein großzügig gestaltetes Café mit Mittagstisch betrieben.

Zu den Kunden zählen traditionell auch viele Straßburger, die gerne eine geschmackliche Abwechslung zum heimischen Baguette mitnehmen. „Die französischen Kunden kaufen bevorzugt Sauerteig- oder Roggenbrote, Kürbiskernbrote und bedienen sich gerne an unseren Weckle und Bretzele. Saisonal werden Christstollen, Früchtebrot, Linzer Torten und Käsekuchen sowie unsere Quiche-Variationen und auch der süße und herzhafte Gugelhupf gekauft“, meint Sebastian Dreher. Schon seine Großeltern standen in der Backstube und hinterm Ladentisch, seine Eltern Martina und Thomas gründeten dann 1987 das Geschäft in Kehl, das auch als lizenzierte Bio-Bäckerei tätig ist.

So einfach und unproblematisch war das deutsch-französische Verhältnis in der Kehl-Straßburger Geschichte nicht immer, was sich in der Evakuierung der Städte und unablässig in der Zerstörung der Rheinübergänge ausdrückte, so zuletzt der Eisenbahn- und der Straßenbrücke im Zweiten Weltkrieg, 1940 teilweise von französischen, dann 1944 ganz von deutschen Truppen. Nach Wiederherstellung der Eisenbahnbrücke 1956 und ihrer späteren TGV-Tauglichkeit, 1960 dem Neubau der Europabrücke für den Autoverkehr sowie 2004 dem Bau der Mimram-Passerelle wird sogar eine vierte Brücke über den Rhein gebaut und die Tramlinie D von Straßburg nach Kehl verlängert. Rund 25 Millionen Euro kostet die Bogenbrücke, die auf einem Mittelpfeiler im Rhein steht – eine Überschreitung der Bausumme ist ausgeschlossen, da man geschickter Weise alle Bauschritte nach französischem Recht ausgeschrieben hat, das eine Deckelung der Kosten erlaubt. Schon im Frühling 2017 soll die erste Tram zum Hauptbahnhof rollen und im Jahr darauf direkt vor das Backhaus Dreher. Gäste des Cafés können dann ohne Parkplatzprobleme eine der gut mit Kirschwasser beträufelten Schwarzwälder Kirschtorten essen oder auch ein Bier zum Snack trinken.

Eine Haltestelle ist das gegenüberliegende Rathaus, das 1816 ursprünglich als Kaserne erbaut wurde. Vom dreistöckigen Gebäude wurde 1869 extra ein Stockwerk abgetragen, damit die Aussicht auf französische Truppenbewegungen über dem Rhein vom Turm der Christuskirche aus nicht behindert wurde. So muss es auch Sebastian Dreher in den Sinn gekommen sein, nicht die Kunden kommen zu lassen, sondern seine Backwaren auch in Straßburg anzubieten. Gugelhupf, dieses elsässische Back-Wahrzeichen, angeboten von einem deutschen Bäcker – kann das gut gehen? Im September 2013 wurde ein Geschäft an den Grandes Arcades eröffnet und, aufgrund des Erfolgs 2015, ein zweites am Place du Corbeau. „Jedes Geschäft ist ein Original, denn wir wollen etwas anderes als eine Bäckerei von der Stange bieten“, meint Sebastian Dreher. Er legte mit fünfundzwanzig Jahren seine Prüfung zum Bäckermeister in München ab, arbeitete bei Bäckern und Konditoren in Paris und Saint-Tropez, um die französische Back- und vor allem Schokoladenkunst besser kennen zu lernen und zu perfektionieren. „Die Franzosen setzen ihr Haushalts-Budget völlig anders ein als wir Deutschen. Mit unserem Preis-Leistungs-Verhältnis können wir natürlich punkten.“ Punkte sammeln auch die kompetenten Verkäuferinnen, die in einheitlichem Look und immer freundlich, kongenial dem frischen und süßen Warenangebot entsprechen.

Privat ist Sebastian im Übrigen mit Fanny, einer Französin aus Grenoble, glücklich liiert, die den Schritt über den Rhein gewagt hat, denn sie wohnen zusammen in Baden. Nicht so glücklich ist bekanntlich das Leben der Österreicherin Marie-Antoinette verlaufen, die zu ihrer Heirat mit dem späteren französischen König Ludwig XVI. aus machtpolitischen Erwägungen heraus gezwungen wurde und dazu den Rhein in der Gegenrichtung zu überqueren hatte. Am 7. Mai 1770 wechselte das vierzehnjährige Mädchen auf einer Rheininsel zwischen Kehl und Straßburg seine Kleider und wurde französisch eingekleidet. Während der Französischen Revolution soll sie gesagt haben: „Wenn das Volk kein Brot hat, soll es doch Kuchen essen!“ Die Straßburger halten sich daran und essen Brot und Kuchen, zum Beispiel aus dem Backhaus Dreher!

ain du vigneron
Pain seigle
Céréaline
Pain du cloître
Flûtes
...en qualité artisanale
8h30

DREHER
DREHER
DREHER
Pain de Mie

Linzer Torte

12 PORTIONEN

Vorbereitungs- und Kochzeit
1 Stunde
Gekneteten Teig eine Nacht im Kühlschrank ruhen lassen

ZUTATEN

500 g Butter
500 g Margarine
750 g Zucker
110 g Vollei
1 100 g Weizenmehl Type 550
23 g Backpulver
380 g gemahlene Nüsse
190 g Mandeln
40 g Linzer Gewürze (Kakao, Zimt, Nelken, Ingwer, Kardamom, Fenchel)
4-6 Esslöffel Himbeermarmelade
1 Eiweiß

Butter und Margarine weich rühren. Zucker und Ei schaumig rühren und die anderen Zutaten zu einem glatten Teig gut darunterkneten. Den Teig eine Nacht im Kühlschrank ruhen lassen.

Dann den Teig in zwei gleich große Teile teilen. Den einen Teil auf einer Platte auswellen und ihn in eine mit Mehl bestäubte runde Kuchenform geben (z. B. mit 26 cm Durchmesser). Den Teigboden mit der Himbeermarmelade bestreichen. Dann den Rest des Teiges auswellen. Zum einen damit den Rand des Kuchens an der Backform formen, den Rest auswellen. Daraus 2 cm breite Streifen schneiden und diese auf den Kuchen legen, sodass ein hübsches Rauten- oder Gittermuster entsteht, aber die Marmelade immer noch sichtbar ist.

Den Kuchen 30 Minuten bei 190 °C backen.

„Im Elsass kauft man immer einen Kuchen im Ganzen, bei uns gibt es ja den Verkauf einzelner Tortenstücke. Im Elsass haben wir uns mit den Linzer Torten und dem Käsekuchen der französischen Gewohnheit angepasst. Wir bieten die Kuchen im Ganzen, aber halt in kleinerer Form an, so dass die Kuchen vier bis fünf Kuchenstücke ergeben. Das kommt sehr gut an! Die Straßburger interessieren sich für Finesse und lieben in der Regel mehr Schokolade als die Kehler."
Sebastian Dreher

Süßer Gugelhupf

10 STÜCKE
VORBEREITUNGS- UND KOCHZEIT 2 STUNDEN

ZUTATEN

500 g Weizenmehl Type 550
150 g Butter
75 g Zucker
2 Eier
20 cl Milch
25 g Hefe
10 g Salz
75 g Sultaninen
40 g Mandeln
Puderzucker

Zur Vorbereitung können die Sultaninen bereits in Wasser mit Rum eingeweicht werden. Mit der Hälfte der Milch, der Hefe und etwas Mehl einen Vorteig zubereiten und diesen etwas gären lassen. Anschließend das restliche Mehl sowie die restliche Milch, die Butter, den Zucker, die Eier und das Salz mischen und verkneten. Nun noch den Vorteig und die Rosinen hinzugeben und durchkneten.

Während der Teig abgedeckt ruht, die Gugelhupfform mit Butter etwas einfetten und sie innen mit Mandeln belegen.

Anschließend den Teig in die Form geben und ihn gehen lassen, bis er sich über den Rand der Form erhoben hat.

Den Gugelhupf in den vorgeheizten Ofen legen und ihn 50 Minuten bei 180 °C backen. Nach dem Backen, den Gugelhupf vorsichtig aus der Form holen und ihn auskühlen lassen. Vor dem Servieren mit Puderzucker bestäuben.

„Es gibt unterschiedliche Rezepte zur Herstellung eines Gugelhupfs. Er ist ein verbindendes Element am Oberrhein, denn auf beiden Seiten war man österreichisch und auf beiden Seiten kennt man diese Spezialität. Der süße Gugelhupf wird in Baden zu Familienfesten, Geburtstagen und auch an Weihnachten gegessen, im Elsass auch in der salzigen Variante bevorzugt zum Apéritif."
Sebastian Dreher

Leinen los im Hafen von Straßburg Stadt, Land, Fluss … und Meer

„Eine Seefahrt, die ist lustig" heißt es im bekannten Volkslied – doch das ambitionierte Flusskreuzfahrtunternehmen CroisiEurope der Familie Schmitter bietet immer mehr und Meer. Die Gäste genießen weltweit von komfortabel eingerichteten Schiffen aus unverstellte Ausblicke auf abwechslungsreiche Uferlandschaften. Zur Zufriedenheit und zum Wohlbefinden tragen die von Chefkoch Alain Bohn entwickelten und ausgearbeiteten Rezepte bei. Und für ihre frische Umsetzung an Bord ist eine riesige Logistik erforderlich.

Seit genau 40 Jahren verkehren die Kreuzfahrtschiffe der Firma CroisiEurope auf Flüssen, Meeren und Kanälen, fast 280 Seiten umfasst der umfangreiche Katalog mit den Angeboten. 43 Schiffe unterhält die Gesellschaft, von Flusskreuzschiffen, über Hochseeschiffe, einen Schaufelraddampfer bis zu Hotelbooten auf den französischen Kanälen. 24 bis 200 Passagiere finden in den schwimmenden Hotels Unterkunft und gelangen über Nacht zum nächsten lockenden Ausflugsziel. Ob Rhein, Donau, Seine, Loire, Mosel, Douro, Weser, Po, Wolga, Mekong … überall trifft man auf die Schiffe von CroisiEurope, das bis heute ein Familienunternehmen geblieben ist.

Der Patron Gérard Schmitter ist bereits 2012 verstorben, doch schon früh haben seine Kinder Philippe, Anne-Marie, Patrick und Christian Verantwortung in unterschiedlichen Bereichen übernommen. Gérard Schmitter war wahrlich kein Binnenschiffer und Seemann. Er absolvierte im Keramikerdorf Betschdorf eine Töpferlehre – eine künstlerische Ader findet sich auf zahlreichen Gemälden verewigt, die in den Schiffen und besonders jenem, das seinen Namen trägt, die Wände zieren. Ausgestattet mit einem Bagger und einem Lastwagen beteiligte er sich an Deichbauten am Rhein. 1976 wurde der See von Plobsheim fertig gestellt – kurzerhand eröffnete Schmitter dort eine Gastwirtschaft. Um seinen Gästen eine bequeme Hin- oder Rückfahrt nach Straßburg zu ermöglichen, mietete er ein Schiff. Beflügelt vom Erfolg investierte er dann in das Ausflugsschiff Viking, das zur Alsace I wurde und das Unternehmen CroisiAlsace begründete. 1984 kaufte er aus niederländischem Besitz das erste Kabinenschiff „Petite-France" und begründete damit den Kreuzfahrttourismus mit Hotelbooten auf Binnenflüssen. Anregungen der Gäste und eigene Erfahrungen brachten Gérard Schmitter ab 1990 dazu, die Schiffe selbst zu konzipieren und bauen zu lassen. In Namur entsteht der Rohbau, aber der große Rest wird mit heimischen Handwerkern in Straßburg durchgeführt.

Ab 1997 wird das Netz der befahrenen Flüsse ausgeweitet, man wird folgerichtig zu CroisiEurope. Gérard Schmitter, der sich aus einfachsten Verhältnissen emporgearbeitet hatte, war sein ganzes Leben im noblen Sinne des Wortes ein „einfacher" Mann geblieben. Er hatte zusammen mit seiner Frau Janine eine große Firma aufgebaut, die z. B. 2014 einen Jahresumsatz von 146 Millionen mit fast 200 000 Passagieren machte.

Aber zeitlebens ließ er andere großzügig an seinem Erfolg teilhaben. Alain Bohn, der Chefkoch aller hundert Köche, die auf den Schiffen arbeiten, ist seit fünfundzwanzig Jahren beim Unternehmen. Ohne weiteres hätte er nach beruflichen Stationen in Frankreich und Deutschland seine Karriere in einem Sternelokal fortsetzen können. Fasziniert haben ihn die Arbeitsbedingungen, denn die Köche und das Personal arbeiten während der Saison praktisch ununterbrochen sieben Monate lang, haben aber im Gegenzug fünf Monate am Stück frei – selbstverständlich erfolgt die Bezahlung regelmäßig über das ganze Jahr!

Als Bohn anfing, bestand die Flotte allerdings erst aus vier Schiffen und jeder Koch fertigte auf „seinem" Schiff Gerichte seiner Wahl. Bohns Leitspruch „Ich liebe die Perfektion" fiel bei Gérard Schmitter, der Talente immer förderte, sofort auf offene Ohren: Er lud ihn in die besten Restaurants ein, um l'art de table in höchster Qualität kennen zu lernen. Mit dem Anwachsen der Flotte wuchs parallel die Idee, die Gerichte auf allen Booten zu vereinheitlichen. Dazu entwickelt Alain Bohn zusammen mit einem kleinen Kochteam vor jeder Saison Rezepte, die dann in genauen und mit Fotos versehenen Rezeptanleitungen standardisiert auf dem Schiff zubereitet, gekocht und serviert werden. Hinter der Idee steckt eine gewaltige Logistik. Je nach Fluss, der befahren wird, müssen Lieferanten gesucht und vertraglich gebunden werden, die ihre frische Lieferung auf das Gramm und auf die Minute genau, wenn das Schiff anlegt, bereithalten müssen, „denn unterwegs kann man wegen einem fehlenden Kilo Mehl schlecht anhalten", lacht Alain Bohn. Dazu gehören natürlich auch die passenden Weine und andere Getränke. Die Gäste, unter denen sich 55 % Franzosen befinden, gefolgt von Deutschen, „erwarten eine typische französische Küche, die sehr gut zubereitet ist". Um eine Idee der Mengen für servierte 1,6 Millionen Essen zu bekommen: Jährlich werden sieben Tonnen Gänseleberpastete und fünfundzwanzig Tonnen Entenbrüste eingekauft. Auf jeder Strecke gibt es aber auch immer eine landestypische Spezialität, so auf der Donau einmal Brezel mit Weißwurst oder auf dem Rhein einmal Sauerbraten mit Rotkohl und Knödel…

GERARD SCHMITTER

Bresse-Huhn in Kartoffelkruste

HAUPTGANG FÜR 6 PERSONEN
ZUBEREITUNGS- UND KOCHZEIT ½ STUNDEN

ZUTATEN

1,5 kg Kartoffeln (Charlotte)
100 g runde Schalotten
50 g Sellerie (Knollensellerie)
50 g frische Karotten
50 g frischer Lauch
25 cl Flüssigsahne
100 g Weißbrot bzw. Toastbrot
100 g Blattpetersilie
100 g schwarze Trüffeln (tuber melanosporum)
5 cl roter Portwein
5 cl Madeira
300 g Foie gras von der Ente
1 Bresse-Huhn (1,8 kg)
125 g Butter (aus der Bresse)
250 g Hühnerfilet
200 g kleine Pfifferlinge
3 Eier (55/60)
5 cl Honigessig
3 g Zucker
75 cl Rotwein
Bratensaft
Salz und Pfeffer aus der Mühle

Kartoffeln waschen und schälen. In kaltem Wasser aufbewahren.

Das Gemüse waschen und schälen. Karotten, Sellerie und Lauch klein schneiden. Blanchieren und beiseite stellen.

Das Weißbrot (ohne Rinde) in die Sahne legen.

Blattpetersilie waschen und grob zerhacken.

Die Trüffeln in Portwein und Madeira pochieren, klein schneiden.

Die Foie gras in kleine Scheiben schneiden, kurz in der Pfanne anbraten.

Das Huhn entbeinen. Die Filets in feine Streifen schneiden.

Salz und Pfeffer aus der Mühle auf die klein gehackten Schalotten geben.

Das Fleisch der Hühnerbeine zerhacken. Mit der Karkasse einen braunen Geflügelfond zubereiten, dazu die Reste der Pochierflüssigkeit der Trüffeln verwenden.

Für die Füllung: die zerhackten Hühnerbeine mit den Eiern, dem Weißbrot, dem Gemüse, der Sahne, den Trüffeln und der Petersilie mischen.

Ein Drittel der Hühnerbrust mit dem Cutter aufschäumen und in die Füllung einarbeiten.

Die Kartoffeln mit einer Raspel in dünne Scheiben schneiden. Sie kreisförmig auf eine Frischhaltefolie legen, die Füllung und danach die Entenleberscheiben daraufgeben, das Ganze verschließen. Insgesamt sechs Mal den Vorgang wiederholen. Eiskühlen. Pasteten aus der Folie nehmen, in Butter goldbraun braten. Mit dem Rotwein, in den der Zucker und der Honigsessig eingerührt wurden, ablöschen. Alles auf ein Backblech geben, 12 Minuten bei 160 °C im Backofen zu Ende garen.

Auf einen heißen Teller legen und mit getrüffeltem Geflügelfond begießen. Die Pfifferlinge drumherum drapieren.

„Da kann ich nur sagen: 'Bohn' Appétit. Das ist eines der klassischen Lieblingsgerichte unserer Gäste, das zudem ein Rezept mit tollen und authentischen Zutaten ist. Die Gerichte an Bord müssen überraschen, denn unsere Gäste, die schon öfters mit uns gefahren sind, erwarten Qualität. Viele von ihnen haben auch schon an einem Gourmet-Menu teilgenommen, das wir in Kooperation mit Émile Jung, Paul Bocuse oder Marc Haeberlin entwickelt haben.“
Alain Bohn

Mousse aus Tansania-Schokolade mit gerösteten Erdnüssen

NACHTISCH FÜR 6 PERSONEN
ZUBEREITUNGSZEIT 2 STUNDEN

ZUTATEN

MOUSSE AUS TANSANIA-SCHOKOLADE
25 cl Milch
25 cl Sahne
50 g Zucker
100 g Eigelb
550 g Schokolade („Tansania" von Barry)
400 ml Flüssigsahne

KARAMELL-CRÉMEUX
50 g Eigelb
30 g Karamellpulver mit Salzbutter
200 ml Flüssigsahne
4 g Gelatine (Blattgelatine)

VANILLEBAVAROISE
100 ml Milch
100 ml Sahne
25 g Zucker
50 g Eigelb
1 Vanilleschote
2 Blatt Gelatine
150 ml flüssige Sahne

CROUSTILLANT
50 g Bitterschokolade
50 g Erdnusspralinen
50 g Knusperchips
50 g zerstoßene Erdnüsse

SCHOKOLADENGLASUR
200 g Milchschokolade (Schokoladentaler)
200 g Kakaobutter

VANILLECREME / CRÈME ANGLAISE MIT GERÖSTETEN ERDNÜSSEN
½ Liter Milch
½ Liter Sahne
10 Eigelb
160 g Zucker
150 g geröstete Erdnüsse

MOUSSE AUS TANSANIA-SCHOKOLADE

Eine klassische Crème Anglaise (Vanillecreme) herstellen, auf die Kuvertüre gießen, mixen, auf 30 °C abkühlen. Die geschlagene Sahne unterrühren, sofort auf die Teller geben.

KARAMELL-CRÉMEUX

Das Eigelb mit dem Karamellpulver anwärmen. Die lauwarme Sahne hinzufügen. Das Ganze bei 85 °C pochieren, die Gelatine beigeben. Durch ein Sieb geben und in kleine runde, 0,5 cm hohe Förmchen gießen. Ins Eis stellen.

VANILLEBAVAROISE

Eine Vanillecreme herstellen und mit Gelatine festigen. Wenn die Vanillecreme kalt ist, die geschlagene Sahne unterrühren und in Förmchen gießen (dieselben Förmchen wie für das Crémeux).

Ins Eis stellen.

CROUSTILLANT

Die Schokolade schmelzen. Die Erdnusspralinen dazugeben, und das Ganze mit den Knusperchips mischen. Die zerstoßenen Erdnüsse darüberstreuen und kalt stellen. 3 cm große Kreise ausstechen und kühl aufbewahren.

SCHOKOLADENGLASUR

Schokolade und Kakaobutter schmelzen. Die einzelnen Dessert-Portionen damit bestreichen.

VANILLECREME / CRÈME ANGLAISE MIT GERÖSTETEN ERDNÜSSEN

Eine klassische Crème Anglaise zubereiten. Wenn sie kalt ist, mit den gerösteten Erdnüssen mixen.

MONTIEREN

Auf Folie in einen Ring (6,5 cm Durchmesser) füllen, mit Backpapier umhüllen. Einen Biskuitboden darauf legen und mit Vanillesirup begießen.

Eine Schicht Schokoladenmousse ausbreiten, darauf ein Karamell-Crémeux legen, dann die Vanillecreme und schließlich das Croustillant, bzw. einen Knusperring. Darüber eine Schicht Mousse au Chocolat. Glatt streichen und mit einem Spritzer Mousse au Chocolat (aus dem Spritzbeutel) garnieren. Ins Eis stellen. Wenn es fest ist, das Backpapier entfernen und mit Schokoladen-Samtspray besprühen.

„Das Rezept sieht komplizierter aus, als es ist, aber keine Angst, es gelingt, wenn man einen Arbeitsschritt nach dem anderen macht und Schicht für Schicht das leckere Kunstwerk aufbaut. Wir haben an ausländischen Gästen neben deutschen Passagieren vor allem Belgier, Engländer, Schweizer und Spanier und alle sind verrückt nach dem Dessert."
Alain Bohn

Vom Refugium für Geschäftskunden zum Vier-Sterne-Kleinod für Gäste

Wer wollte sich einer derartig wohlgelaunten Kochtruppe um den sportlichen Chefkoch Éric Kernacker im Cour d'Alsace (re.) nicht anvertrauen? Die tolle Stimmung von Lionel Schweitzer, Régis Peter und Franck Valet (v. li.) überträgt sich auf die Gerichte, die in Obernai serviert werden. Und die Gäste fühlen sich am ehemaligen Sitz der Familie von Gail, die aus der Gegend von Köln stammte und sich ab dem 17. Jahrhundert im Elsass niederließ, mehr als wohl.

Lange Zeit hieß es in Obernai, wenn man das Restaurant oder die Weinstube besuchte oder Gäste im Elsässer Hof unterzubringen hatte: „Wir gehen ins Hager." Dem Hoteldirektor Ernest Uhry, der aus Ingwiller stammt und seit 2001 im Hotel Verantwortung trägt, ist es ein wichtiges Anliegen, dass das Hotel mit seinen Restaurants und dem großzügigen Spa-Bereich nicht mehr als das „Privathotel" der Hager Group betrachtet wird. Aber ohne Hermann Hager (1926-2014), der das Haus aus einer Ruine des zerfallenen Anwesens der Familie de Gail erbauen ließ und 1987 als Hotel eröffnete, gäbe es das verwunschene Anwesen jedoch nicht.

Woher kommt die Liebe von Hermann Hager zum Elsass? Vor zwei Generationen wurde 1955 von Peter Hager und seinen Söhnen Hermann und Oswald im Saarland ein kleines Elektrounternehmen, die „Hager oHG elektrotechnische Fabrik" gegründet. Die Firma war von den politischen Zeitläufen betroffen, denn bis 1957 stand das Saarland unter französischer Verwaltung und der deutsche Markt war für die Firma nicht zugänglich. Nach der „Vereinigung" des Saarlandes mit der Bundesrepublik gründete man kurz entschlossen 1959 in Obernai ein „Zweigwerk", um auch weiterhin auf dem französischen Markt präsent zu sein.

Den Durchbruch in der Elektrotechnik erreichte die Firma mit der erstmaligen Verwendung von Bakelit. Inzwischen ist die Hager Group in mehr als zehn Ländern mit über zwanzig Standorten vertreten und beschäftigt an die zwölftausend Mitarbeiter, davon über zweitausend alleine im Elsass. Die Firma in Obernai wird heute von Daniel Hager, dem Sohn von Dr. Oswald Hager geleitet, während sich Peter Hager, der Sohn von Hermann Hager, im Saarland um die Firmengeschicke kümmert.

Firmenkunden aus aller Welt mussten früher nach einer Besichtigung des Werkes und vor allem nach dem Abschluss von Verträgen verköstigt und beherbergt werden. Hermann Hager griff entschlossen zu, als die Ruine des von Gail'schen Anwesens zu erwerben war und er die Idee hatte, daraus eine Art Hotel garni zu entwickeln, in das man sich mit Geschäftskunden, aber auch mit Freunden gesellig zurückziehen konnte. Nach und nach gruppierten sich um das ursprüngliche Anwesen neunzehn denkmalgeschützte Häuser, die auf einem Hektar Gelände etwas versteckt liegen und innerhalb des Ortes Obernai ein wahres Dorf im Dorf bilden. Das Hotel mit seinen fünf aneinandergebauten Dependancen, die „Saarland", „Schwarzwald" oder „Vogesen" heißen, wurde behutsam und über mehrere Jahre stilgerecht erweitert und geschmackvoll renoviert und eingerichtet. Überall schauen Zeugnisse der Vergangenheit, da ein altes Balkenstück, dort ein Ziegelstein aus Decke oder aus den Wänden. Ernest Uhry schmunzelt, wenn er daran zurückdenkt, wie es mit Familie Hager oft lange Diskussionen um die Gestaltung der Zimmer gab, da diese der „deutschen" Farbe Grün den Vorzug gab und Uhry eher dem „elsässisch-französischen" Rot zugeneigt war.

Oft musste Ernest Uhry, der immer in Kettenhotels wie Hyatt oder Hilton in Brüssel oder in Seattle gearbeitet hatte, hören, er wolle aus dem Haus, in dem auch die Familie ein Appartement besitzt und lange Jahre wohnte, ein kleines Hilton machen. Doch Ernest Uhry verfolgte mit Zielstrebigkeit die Umwandlung des Hotels von der Farbgebung über die Gestaltung des Hausprospekts bis zur Kleidung der Bedienungen, und nicht zuletzt durch einschneidende Umbauten, wie die 2011 ebenso erfolgte Vergrößerung der Küche, das Ziel, es für einen breiten und wachsenden Gästekreis zu erschließen. So kehren nicht nur die Käufer der Molsheimer Bugattis im elsässischen Hof ein, sondern auch Familien und Paare fühlen sich in den Gebäuden wohl, die sich dem Verlauf der ehemaligen Stadtmauer anschmiegen. Der heute aufgefüllte Wassergraben bietet zudem die Möglichkeit, es sich auch im Freien gut gehen zu lassen und die Gerichte der Küche draußen zu genießen oder sich im ausgedehnten Spa-Bereich zu tummeln.

Éric Kernacker ist Küchenchef und schon seit zwanzig Jahren im Haus. Seine Meriten verdiente sich der aus der Wantzenau stammende Elsässer unter anderem bei Émile Jung, dessen Soßenkunst er heute noch rühmt. Höhepunkt der Zeit im Crocodile war ein zweiwöchiger Aufenthalt in Dubai und Abu Dhabi, wo Kernacker sich, aufgrund der vorhandenen Produktvielfalt in der Küche, richtig ausleben konnte. Kernacker ist großgewachsen und drahtig, kein Wunder, zur Entspannung und zum Erhalt seiner Konzentration läuft er Marathonstrecken und das mit beachtlichen Ergebnissen – so in Berlin 2001, wo er von 40 000 Teilnehmern mit einer Zeit von 2 Stunden 44 Minuten den 221. Platz belegte. Sportliche Höchstleistungen kennzeichnen auch die Küchenbrigade der vier Musketiere, deren Küche an 320 Tagen im Jahr geöffnet hat. Dazu gehören der Pâtissier Franck Valet und die beiden Sous-Chefs Régis Peter und Lionel Schweitzer, die beide auch schon in Deutschland gearbeitet haben.

Ist die Weinstube Caveau de Gail bewusst traditionell und elsässisch gehalten, zieren im Restaurant Jardin des Remparts Werke von Chagall, Braque oder Picasso die Wände, wie auch das Schwimmbad vom Künstler Stefan Szczesny gestaltet wurde. Immer noch legt Hermann Hagers Witwe Luise persönlich und mit viel Liebe zum Detail Hand an, um das Haus für die Gäste so angenehm wie nur möglich werden zu lassen.

Kernacker

Terrine vom Reh mit getrockneten Früchten

Vorspeise für 8 Personen
Vorbereitungs- und Kochzeit 24 Stunden

Zutaten

800 g Filet vom Reh
100 g getrocknete Aprikosen
100 g getrocknete Feigen
10 dl Fleischfond
Rotwein
Weihnachtsgewürze
1 Blatt Gelatine
Salz, Pfeffer, Muskat
1 essbare Blüte pro Portion
Süßes Zwiebelchutney
½ Feige pro Portion

ZUBEREITUNG

Die Rehfilets in der Pfanne auf beiden Seiten kurz anbraten. Danach bei 90 °C Umluft 10 Minuten im Backofen garen. Die Früchte in kleine Würfel zerschneiden. Fleischsud anfertigen durch kurzes Ablöschen mit dem Rotwein und den Weihnachtsgewürzen. Gelatine in die Sauce einrühren, die Früchtestücke dazugeben.

ZUSAMMENSTELLUNG DER TERRINE

Das Rehfilet in dünne, längliche Streifen schneiden. Sie einzeln in die Terrine legen, eine Schicht Früchtegelee auflegen. Vorgang wiederholen, bis die Terrine randvoll ist. Alles fest zusammendrücken, dabei überflüssiges Gelee herauspressen. 24 Stunden kalt stellen.

ANRICHTEN

Scheiben von der Terrine auf flache Teller legen, mit der halben Feige, der Blüte und dem Zwiebelchutney garnieren.

„Meine Rehterrine kann man das ganze Jahr über zubereiten und je nach Saison mit aromareichen Trockenfrüchten veredeln – ich mag die Terrine am liebsten, wenn sie etwas weihnachtlich daherkommt. Das Elsass ist ja das Weihnachtsland, der Tannenbaum wurde hier zum ersten Mal aufgestellt und zu unserem elsässischen Hof passt deshalb das Rezept ideal."

Éric Kernacker

Carré vom Hirsch mit Morcheln und Maronenpüree

HAUPTGANG FÜR 4 PERSONEN
VORBEREITUNGS- UND KOCHZEIT 1 STUNDE

ZUTATEN

400 g Maronenpüree (Kastanienpüree)
800 g geschälte Kartoffeln
2 Carrés von der Hirschkuh, je 200 g
100 g getrocknete Morcheln
2 Äpfel
4 kleine Birnen
2 Schalotten
100 g Petersilie
10 cl Portwein
20 cl Rotwein
Butter

ZUBEREITUNG MARONENPÜREE

Die Kartoffeln gar kochen, zerdrücken und das Maronenpüree untermischen. Würzen und auf dem Herd warm halten.

ZUBEREITUNG CARRÉS

Die beiden Carrés in der Pfanne beidseitig anbraten. Danach bei 180 °C 5 bis 7 Minuten im Ofen garen, etwas mehr, wenn sie nicht rare, sondern medium sein sollen. Währenddessen die Äpfel und die Birnchen klein würfeln, leicht anbraten, danach in etwas Rotwein köcheln lassen. Die Schalotten mitsamt der zuvor eingeweichten Morcheln in etwas Butter andünsten. Mit Portwein ablöschen und den Bratensaft der Carrés hinzugeben. Bei mäßiger Hitze leicht einkochen lassen.

ANRICHTEN

Je eine Fleischportion in die Mitte eines flachen Tellers auflegen, etwas Apfel- und Birnenjulienne und den Bratensaft darübergeben. Zwei kleine (mit einem Esslöffel geformte) Kugeln Maronenpüree daneben legen. Den Rest des Tellers mit der Morchelsauce bedecken. Mit etwas gehackter Petersilie garnieren.

„Die besten Rezeptideen kommen mir, wenn ich zwischen der Mittagszeit, nach der Arbeit in der Küche, und dem Abend jeden Tag eine kurze Strecke durch die Natur laufe. Das hält mich fit und der Kopf bleibt klar. Das wünsche ich auch den Gästen, denn niemand soll durch das Essen belastet vom Tisch aufstehen. Deshalb achte ich auch darauf, dass meine Gerichte prima schmecken und gut bekömmlich sind."
Éric Kernacker

Kein Gerücht: In der Mitte zwischen Hazebrouck und München liegt Barr

Zu jedem Aufenthalt in Paris gehört der Besuch eines Bistros, einer typischen Brasserie oder auch eines Straßencafés. Wer nicht so weit fahren möchte, der findet diese kunstvolle Mischung vereint in einem charakteristischen Ambiente schon in Barr. Auffällig die vielen originalen Kunstwerke, die die Wände zieren und die Anzahl der Bücher, die alle ein Thema haben: Sie handeln von typischen und authentischen Orten der Gastlichkeit. Ein Zeitungsständer bietet die Neuigkeiten des Tages, Anlass genug für manchen Tratsch, Klatsch und manches Gerücht, denn nichts anderes bedeutet der Begriff und der Name des Restaurants „Au Potin".

Einer Diskussion, zumal einer tagespolitischen, geht der umtriebige Besitzer Hervé Duhamel nie aus dem Weg. Mit viel Humor versieht er den Service, teilt da einen Satz aus, reagiert auf einen Zuruf zu einer Bestellung und ist, so scheint es, immer und überall gleichzeitig. Aufgewachsen ist Hervé in der französisch-flämischen Stadt Hazebrouck, die knapp vor der belgischen Grenze liegt. Seine Eltern führten ein Bistro, von Jugend auf hat er diese spezielle Atmosphäre eingesogen, doch seine Mutter wollte nicht, dass er das Geschäft übernimmt. Auf Lehr- und Wanderjahren in Südfrankreich zog es ihn aber doch immer wieder hinter die Theke.

1995 eröffnet er dann sein erstes eigenes Bistro, das Le Roi et son Fou in der Rue du Vieil-Hôpital in Straßburg, was weitaus mehr zu bieten hatte als ein klassisches Bistro. Ausstellungen, Jazz-Konzerte und eine attraktives Getränke- und Speisenangebot ließen Hervé zum Teil siebzehn Stunden hinterm Tresen stehen. Der Name des Bistros war bewusst gewählt, denn wie im 1985 verfilmten gleichnamigen Roman von Martin Stade geht es auch ihm um die Frage, wie das Volk über das Regierungshandeln informiert wird. Ein Bistro ist der richtige Ort, um darüber zu diskutieren, denn auch die bekannt-kritische Zeichnung von Paul A. Weber, „Wie sag ich es meinem Volke?", von 1943 trägt diesen Titel.

Es muss wohl der Name und die Einrichtung des Bistros gewesen sein, die Angelika Purps bei einem Aufenthalt in Straßburg zum Verweilen einluden. Schon als Fünfzehnjährige kam die aus einer Musikerfamilie stammende Angelika in die Bretagne, studierte nach dem Abitur frankophil Französisch auf Lehramt und lebte einige Zeit in Paris, wo sie die berühmten Bistros und Cafés, wie das Café de Flore, besuchte. Doch das Unterrichten machte ihr nicht so viel Spaß, sodass sie von München aus als Selbständige im Veranstaltungsmanagement großer Firmen tätig wurde. Da ein Teil ihrer Kundschaft in Süddeutschland residierte, zog sie kurzerhand von München nach Straßburg um. Der „Narr und sein König" wurden ihr zeitweise zum Büro und zwischen Hervé und ihr war das Gespräch über Bistrokultur und Kunst schnell geknüpft. Angelika arbeitete weiter in ihrem Beruf und half Hervé immer häufiger im Service. 2002 wurde das Geschäft dann zu umfangreich – Hervé beschloss, zu verkaufen.

Gemeinsam reiste man nach Paris und durch Frankreich, besuchte Bistros und Brasserien, um sich Ideen für ein neues Domizil zu holen, stöberte über Flohmärkte, um passende Einrichtungsgegenstände und Bilder zu erwerben. In Barr, im ehemaligen Restaurant Le Tivoli, das aus dem Jahre 1881 stammt, wurden sie fündig. Angelika beendete ihre Tätigkeit, ab jetzt gab es nur noch Au Potin. Ein spezialisierter Kunsttischler aus Paris gestaltete die Inneneinrichtung, die Wände wurden mit Gemälden geschmückt, so auch mit Radierungen des in Mittelbergheim wohnenden Grafikers und fotografischen Malers Jan Peter Tripp. Es überrascht nicht, dass Au Potin auch Künstlertreff geworden ist. Dazu gehörte auch der Grafiker Kurt Weidemann, der Logos verschiedener großer Firmen, wie etwa von DB, Shell, Mercedes, Porsche entwarf oder modifizierte, und der trotz der Nähe zu den Mächtigen immer ein kritischer Begleiter der aktuellen Lage blieb. Allen Kunstwerken ist immer gemein, dass das Thema der Diskussion, des Kontakts, der Geselligkeit zwischen den Menschen im Mittelpunkt steht.

Zahlreiche Einheimische, ehemalige Stammgäste aus Strasbourg und Touristen finden in den unterschiedlich gestalteten Räumen und auf der Terrasse gemütlich Platz und auf der Tafel mit den wechselnden Tagesgerichten immer etwas Passendes. Dafür sorgt Jérôme Marquart in der Küche, der nach Besuch der Hotelfachschule in Metz, im Le Clos des Délices in Ottrot, in der Auberge Saint-Martin in Kintzheim, im La Cheneaudière in Colroy-la-Roche und vier Jahre im naheliegenden Restaurant der Brasserie artisanale in Saint-Pierre arbeitete.

Russische Soldaten sollen in Paris und nach dem Sieg über Napoléon mit dem Wort 'bistro', ihrem Wunsch nach schneller Bedienung Ausdruck verliehen haben. Im Bistro Au Potin in Barr pflegt man allerdings mehr als ausgiebig einzukehren, denn wo im Elsass gibt es eine derartig einladendes Bistro im Pariser Stil? Hier kann man das Wort Hektik getrost vergessen …

PORTO
CRUZ
CHAMPAGNE

Kaninchenpastete, Gemüsepickles mit Aïoli und Erbsencoulis

VORSPEISE FÜR 4 PERSONEN
ZUBEREITUNGS- UND KOCHZEIT 3 ½ STUNDEN

ZUTATEN

4 Kaninchenkeulen
1 Dose Entenfett (750 g)
2 Karotten
½ Blumenkohl
1 Gelbe Bete
1 Rote Bete
1 Eigelb
25 cl Olivenöl
1 Knoblauchzehe
1 Esslöffel Senf
10 Erbsen
½ Liter Weißwein
20 cl Essig (Melfor)
Korianderkörner und Lorbeerblätter
Frische Kräuter

KANINCHENKEULEN

Die Kaninchenkeulen im Entenfett und Wein mit Koriander und Lorbeer bei Niedrigtemperatur (60 °C) 2 ½ Stunden im Ofen garen.

GEMÜSEPICKLES

Das Gemüse waschen, schälen und klein schneiden (verschiedene Formen).

AÏOLI

Aus Eigelb, Senf und Olivenöl eine Mayonnaise anrühren. Knoblauch pressen und einrühren.

PASTETE

Kaninchenkeulen entbeinen, das Fleisch soll sich ganz leicht von den Knochen lösen. Runde Förmchen mit Folie auslegen.

Das Kaninchenfleisch mit 4 Esslöffeln von dem Bratfett mischen. Diese Mischung in die Förmchen pressen. 6 Stunden im Kühlschrank fest werden lassen.

ERBSENCOULIS

Erbsen in Salzwasser kochen. Abtropfen lassen und mit 2 bis 3 Löffeln Olivenöl mixen: Es soll ein ziemlich dicker Coulis entstehen.

ANRICHTEN

Die Kaninchenpasteten aus den Formen nehmen und auf flachen Tellern anrichten. Ein Löffel Aïoli darauf geben. Mit den Gemüsepickles in Melfor-Essig, ein paar Spritzern Erbsencoulis und frischen Kräutern garnieren.

„Das Wort Bistro kommt ja aus dem Russischen, es führten die russischen Soldaten in Paris ein, als sie Napoleon vernichtend geschlagen hatten – es bedeutet »schnell«, denn man wollte schnell etwas zu essen und zu trinken haben. Wir vereinen das Bistro-Konzept mit dem der Brasserie, in der man auch etwas länger verweilen kann und soll."
Hervé Duhamel

Schweinefilet, gebratene Pastinaken, violette Möhren, Shiitakepilze und Polenta-Chips

HAUPTGANG FÜR 4 PERSONEN
ZUBEREITUNGS- UND KOCHZEIT 2 ¾ STUNDEN

ZUTATEN

2 Schweinefilets
4 Pastinaken
4 violette Möhren
150 g Shiitake
25 cl Sahne
10 cl Weißwein
60 g Polenta
10 g Butter
30 cl Wasser
Frische Kräuter

ZUBEREITUNG

Polenta 20 Minuten in Salzwasser kochen und zum Schluss Butter einrühren.

Eine Schicht Polenta so dünn wie möglich zwischen 2 Blatt Backpapier ausbreiten. Bei 130 °C 1 ½ Stunden im Ofen trocknen.

Pastinaken und Möhren waschen, schälen und klein schneiden. Getrennt in Salzwasser kochen.

Shiitake in der Pfanne anbraten, mit Weißwein ablöschen, Sahne beigeben. Abschmecken.

Die Schweinefilets 7 bis 8 Minuten braten; sie sollen innen rosa bleiben. Schräg aufschneiden.

ANRICHTEN

Shiitake in Sahne auf den Tellern verteilen. Pastinaken und Möhren hübsch darumlegen, darauf zuletzt die Schweinefilets. Mit Polenta-Chips und frischen Kräutern garnieren.

„Unser Küchenchef Jérôme Marquart setzt schon seit etlichen Jahren den Brasserie-Stil bei uns um. Der Flair unserer Brasserie, die auch Winstub, Café und Bistro sein kann, findet sich auch auf dem Teller, sodass sich die Gäste für einen Moment lang wie in einem typischen Pariser Lokal, und das mitten im Elsass, fühlen mögen.“
Angelika Purps

Im Niemandsland des Rheins werden Träume ganz real

Das „Niemandsland" liegt exakt am bezeichneten Ort, dennoch oder gerade deswegen ist es ein wohlgehüteter und viel besuchter Geheimtipp. Hinter Schilf und mäandernden Altrheinarmen öffnet sich ein gastronomisches Paradies, das Familie Riss seit vierzig Jahren mit einem gleichbleibend wohlschmeckenden Angebot betreibt. Nicht nur Fischspezialitäten bestimmen die Speisekarte, die Stéphan Riss mit aktuellen Köstlichkeiten erweitert. Seine Elsässer Küchenkunst begleitet Elsässer Kunst von Charles Spindler bis Raymond Waydelich.

Mit dem Niemandsland wird laut dem Lexikon der sprichwörtlichen Redensarten ein Gebiet bezeichnet, das von der Zivilisation noch nicht berührt wurde, im Krieg ein Geländeabschnitt zwischen den Fronten, oder auch das Reich der Träume … Aber warum hat das Restaurant am Rheinufer von elsässischen und deutschen Gästen diesen Namen bekommen?

Das hängt sicherlich damit zusammen, dass man das Lokal auf Anhieb gar nicht findet – es liegt wirklich wie in einem Niemandsland der Träume, scheint eine Fiktion zu sein. Kein Internetauftritt, keine Mail-Adresse, kein Flyer, keinerlei Werbung und kein Hinweisschild in Gerstheim, das bei der Suche behilflich sein könnte.

Das Restaurant der Familie Riss liegt an der deutschen L 100, die mitten auf der Brücke über den Rhein zur französischen D 426 wird und hoch auf den Damm des Rheinseitenkanals führt. Doch um beim Restaurant auf der Rheininsel anzukommen, muss man plötzlich und unvermittelt scharf den Damm hinunter abbiegen, aber nur, wenn man genau weiß, wo … denn vom Damm aus sieht man das Lokal nämlich nicht! Aufgrund seiner Lage am Schollengiessen, der bei Freizeitanglern sehr beliebt ist, und der Rheinnähe, kann die Zufahrt bei Hochwasser gut und gerne einmal 1,50 Meter unter Wasser stehen. Dann ist man in der kleinen Siedlung aus insgesamt fünf Häusern von der Außenwelt abgeschnitten.

Das Haus wurde als Restaurant zwischen den beiden Weltkriegen au bord du Rhin erbaut und hieß deshalb ab 1940 „Zum Rheinufer". Am Ende des Kriegs bekam das Restaurant einen Bombentreffer ab, wie die Splitter in der Eingangstüre heute noch eindrucksvoll belegen. Das gesamte Dach war zerstört – dafür wurde beim Wiederaufbau ein zweiter Stock aufgesetzt.

Rémy Riss, der zuvor in Haguenau ein Restaurant betrieb, hatte genau so viel Geld, um 1976 das Lokal kaufen zu können. Der damals vierundzwanzigjährige und ledige Rémy Riss liebte aber auch die Lage und spezialisierte sich auf Fisch- und Fleischgerichte – seit vierzig Jahren hat sich an der Speisekarte, die es auch in einer deutschen Übersetzung gibt, praktisch nichts verändert! Carpe frite (fritierter Karpfen), Zander, Schnecken, Froschschenkel und das beliebte Filetsteak mit Morcheln finden seit Jahrzehnten Liebhaber, denn das Lokal, das nicht nur seiner Lage wegen als Geheimtipp gilt, ist immer ausgebucht…

Für Radfahrer liegt es ideal am Radweg Rhinau-Kappel-Schwanau, für Handwerker und Geschäftsleute ist das dortige Preis-Leistung-Verhältnis unschlagbar.

Zu den Anfangszeiten des Lokals besorgte die Bürofachfrau Jacqueline dem Junggesellen Rémy den Papierkram. Aus Liebe ist sie dann geblieben und betreut souverän und unaufgeregt mit zwei weiteren flinken Kräften den Service mit seinen gut hundert Gedecken. Sohn Stéphane hat das Lokal 2014 nach Lehrjahren auf der Hotelfachschule, dem lycée hôtelier in Illkirch-Graffenstaden, und Wanderjahren übernommen. Zuerst zog es ihn dabei in den Süden, dabei blieb der am Rhein aufgewachsene Stéphane immer in der Nähe des Wassers. In Cannes war er im Fünf-Sterne-Hotel Martinez, in Cagnes-sur-mer im Château Le Cagnard und in Luzern im Château Gütsch. Danach zog es ihn in die Berge, so ins Grand Chalet in Gstaad und in heimatlicher Nähe in L'Arnsbourg nach Baerenthal.

Wöchentlich gibt es von ihm ein spezielles Gericht: „Ich koche dann einfach, auf was ich Lust habe." Dazu gibt es einen vorzüglichen Wein, den Schwester Catherine als Winzerin seit 2012 in Nothalten und Reichsfeld vinifiziert. Ihre Weinflaschen sind mit amüsanten Etiketten kunstvoll verziert. Kunstvoll ist auch das Interieur des Restaurants, das sich seit vierzig Jahren nicht verändert zu haben und in einem wunderbar unmodernen Niemandsland zu verharren scheint. Gegenüber der Bar sind ein paar lange Tische zusammengestellt – man sitzt bunt gemischt zusammen, was der grenzüberschreitenden Kommunikation sehr förderlich ist.

Über der Eingangstüre wachen kleine Zwerge, drei Fischköpfe mit aufgerissenem Schnabel zieren den Durchgang zum Nebenzimmer, neben der Theke blubbert der Holzofen. An den Wänden hängen typische Elsässer Intarsien von Charles Spindler, aber Stéphane sorgte direkt daneben für moderne, abstrakte Werke sowie für die hier äußerst passenden Bilder von Raymond Waydelich. Denn auf seinen Bildern verleiht er seinen oft verfremdeten Tieren, wie in einem Niemandsland der Träume, humorvoll eine reale Gestalt…

AMSTEL
BIERE
RESTAURANT
RD DU RHIN"

HOTEL
RESTAURANT AU BORD DU RHIN
Hôtel-Restaurant «Au Bord du Rhin», Ch. Schiltz - Gerstheim - Téléph. 12
Cuisine renommée - Crûs d'Alsace - Perle-Bock - Chambres garnies

Catherine Riss

Froschschenkel provenzalisch

Vorspeise für 4 Personen
Vorbereitungs- und Kochzeit 20 Minuten

Zutaten

1 kg mittelgroße Froschschenkel
100 ml Sonnenblumenöl
100 g Butter
1 Suppenlöffel Knoblauch, gehackt
2 Suppenlöffel Petersilie, gehackt
40 ml trockenen Weißwein
Mehl

Froschschenkel auf Küchenkrepp abtupfen, danach in Mehl wenden. In einer erhitzten Pfanne mit Sonnenblumenöl auf beiden Seiten etwa 1 Minute scharf anbraten. Auf einer mit Küchenkrepp ausgelegten Platte ablegen.

In der gleichen Pfanne Froschschenkel diesmal in Butter weiterbraten. Wiederum auf Küchenkrepp ablegen.

Froschschenkel in der Pfanne jetzt ohne Butter noch einmal erhitzen. Petersilie und Knoblauch beifügen, schnell wenden, damit der Knoblauch nicht anbrennt.

Mit Weißwein ablöschen. Auf die Teller verteilen und sofort servieren.

„Froschschenkel sind besonders bei den deutschen Gästen sehr beliebt und begehrt, denn über dem Rhein ist das ein Gericht, was nicht (mehr) zubereitet wird. Ich bereite sie zudem auf südfranzösische Art zu. Extra wegen den deutschen Gästen haben meine Eltern das Lokal schon um 18 Uhr für das Abendessen geöffnet, in Frankreich isst man ja etwas später – aber die Grenzer ließen immer schon um 22 Uhr den Schlagbaum runter und so kamen die deutschen Gäste wieder ohne Probleme über den Rhein."

Stéphane Riss

Zander in Riesling

HAUPTGERICHT FÜR 4 PERSONEN
VORBEREITUNGS- UND KOCHZEIT 1 ½ STUNDEN

ZUTATEN

2 Zander, je 800 g (geschuppt und ausgenommen)
500 g frische Tagliatelle

FÜR DIE GEMÜSEBOUILLON
5 Zweige Petersilie
½ Zwiebel
2 Lorbeerblätter
½ Zitrone
½ Liter Riesling
100 g grobes Meersalz
Wasser

FÜR DIE RIESLINGSAUCE
2 Liter Fischsud
½ Liter Sahne
2 x ¼ Liter trockener Riesling
100 g + 50 g Butter
100 g Mehl

ZUBEREITUNG RIESLINGSAUCE

Butter in einem Kochtopf schmelzen, das Mehl einrühren. Mit dem Fischsud übergießen und ¼ Liter Riesling beigeben. Etwa 30 Minuten bei mäßiger Hitze köcheln.

Nochmals ¼ Liter Riesling und dazu die Sahne einrühren, weitere 15 Minuten köcheln. Die Sauce durch ein feines Sieb geben und mit den restlichen 50 Gramm Butter aufschlagen.

ZUBEREITUNG ZANDER

Alle Zutaten für die Gemüsebouillon in einen Schmortopf geben und aufkochen.

Beide Zander hineinlegen – der Fisch muss völlig eingetaucht sein. Wieder zum Kochen bringen, die Temperatur drosseln. 20 Minuten bei leichtem Köcheln garen.

ANRICHTEN

Den Fisch vorsichtig aus dem Schmortopf herausnehmen und abtropfen lassen. Auf eine große Platte legen und mit der heißen Rieslingsauce übergießen.

Dazu die frisch gekochten Tagliatelle mit zerlassener Butter servieren.

„Wir sind umgeben von Wasser, deshalb war es schon für meinen Vater selbstverständlich, dass wir auch Fisch auf der Karte haben. Und Fische haben für mich auch eine symbolische Bedeutung – sie kennen drüben im Rhein keine Grenze, sie schwimmen einfach von einer Seite zur anderen. Und wenn sie Glück haben, landen sie auf unserer Seite und dann bei uns in der Pfanne!“
Stéphane Riss

Vom Rheinbad zum Aux bords du Rhin

Küchenchef Patrice Berna sammelt alte Postkarten des Restaurants, das im Laufe der Zeit und aufgrund der politischen Großwetterlage mehrmals seinen Namen wechseln musste. Sein Vater Pierre und seine Mutter Gabrielle haben das Restaurant in Sichtweite des Rheinseitenkanals zu einem beliebten Treffpunkt gemacht, was auch am ausgezeichneten Service seines Bruders Yves Berna liegt. Patrices Sohn Alexander ist in der Küche tätig. So bleibt das Restaurant am Rheinufer in der Familie und wird seinen Namen nie mehr ändern müssen …

Das Restaurant liegt direkt hinter dem Deich des Rheins, wenn man von der kostenlosen Fähre zwischen Kappel-Grafenhausen und Rhinau heruntergefahren ist und nach einem schwungvollen Umweg in den Ort einbiegen kann. Der tägliche Strom der Pendler in den Europa-Park und natürlich auch jener der Besucher geht morgens geballt in Richtung Rust und abends wieder zurück. Man muss sich sputen, um im Konvoi der Grenzgänger und Heimkehrer aus dem Europa-Park auf der Fähre mitzuschwimmen, um bei Familie Berna noch einen Tisch zu bekommen. Denn mit Schließung des Europa-Parks um spätestens 21 Uhr stellt auch die Fähre ihren Dienst ein. Ein älteres Modell konnte nur zwölf Autos transportieren, aber nun versieht ein moderneres Schiff den Dienst, das eine erhöhte Kapazität von dreißig Autos aufweist. Die Überfahrt dauert fünfzehn Minuten, die nächste Rheinüberquerung wäre sonst nur über die Brücke bei Gerstheim möglich.

Hinter der Rheininsel von Rhinau vereinigt sich das Wasser des Altrheins wieder mit dem Wasser des Rheinseitenkanals, dessen Durchfluss mit einem Stauwehr zwischen Weisweil und Rheinhausen geregelt wird. Mit der Wassermenge des Rheinseitenkanals regelt die französische Elektrizitätsgesellschaft EDF die Drehzahl ihrer Turbinen bei der Stromerzeugung, aber auch die zur Schifffahrt und Schleusung erforderliche Wassertiefe im Rheinseitenkanal.

Die Schifffahrt auf dem Rhein war, historisch gesehen, selbst nach der Rheinkorrektion durch den badischen Staat unter Johann Gottfried Tulla, die von 1817 bis 1880 dauerte, immer noch eine gewaltige und manchmal zeitraubende Herausforderung. Niedrigwasser ließen z. B. die Isteiner Schwellen sichtbar und dort eine Schifffahrt unmöglich werden. Schon 1902 hatte der elsässische Unternehmer René Koechlin die Idee, für eine ungehinderte Schifffahrt einen Rheinseitenkanal mit Staustufen zu erbauen, der das Gefälle von hundert Höhenmetern zwischen Basel und Straßburg auch für die Stromgewinnung attraktiv erscheinen ließ. Mit dem Versailler Vertrag von 1919 bekam Frankreich dann das alleinige Recht der Wassernutzung am Rhein zugesprochen und der Plan wurde in die Tat umgesetzt. Bis in die 1960er Jahre dauerten die Arbeiten am Grand Canal d'Alsace, die bis zu den letzten Staustufen Gambsheim (1974) und Iffezheim (1977) führten.

Durch Rhinau fließt das Brunnwasser, ein ehemaliger Seitenarm des Rheins, dem nun der Zufluss zum Rhein versperrt ist. Da der Grundwasserspiegel auf beiden Seiten des Kanals immer weiter fiel und auch das Brunnwasser auszutrocknen begann, entwickelte man die Schlingenlösungen, bei der das Rheinwasser nur noch zur Stromgewinnung über französisches Gebiet geführt wird. Rhinau liegt nun genau am Ende einer derartigen Schlinge. Man kann sich vorstellen, dass man in früheren Zeiten in den Altrheinarmen und im Brunnwasser auch baden konnte und das Gasthaus deshalb wohl zu seinem früheren Namen „Zum Rheinbad" kam, den es allerdings immer wieder mal übersetzen musste.

Der heute fünfundsiebzigjährige Pierre Berna betrachtete damals wie viele Rheinanlieger auch die gewaltigen Bauarbeiten am Rheinseitenkanal, bis er in den Algerienkrieg eingezogen wurde. Unversehrt kam er zurück und besuchte die Hotelfachschule in Cannes, danach arbeitete er im Restaurant des Maison Kammerzell in Straßburg. Er heiratete Gabrielle und übernahm 1972 das Restaurant, das sich mit ihm in der vierten Generation befindet. Immer schon wurden hier Fischspezialitäten serviert, denn noch sein Vater hatte im Rhein die Fische selbst gefangen. Heute gibt es nur noch zwei Berufsfischer am Rhein, darunter den musizierenden Adrien Vonarb.

Die Nachfrage von Bauarbeitern des Kanals nach nahegelegenen Unterkünften im Blick vergrößerte er das Anwesen mit einem Hotelanbau, der heute neunzehn Zimmer aufweist und nochmals durch einen Neubau ergänzt wird. Während sich Pierre jetzt bevorzugt seiner Taubenzucht widmet, haben sein Söhne Yves und Patrice mit ihren Partnerinnen das Geschäft im Griff. Patrice ist der Küchenchef, der nach Besuch der Hotelfachschule sofort angefangen hat, zuhause zu arbeiten. Sein Bruder Yves leitet flink und immer freundlich den Service.

Aktuell bietet das Restaurant gut achtzig Gedecke. Spezialitäten sind der Zander mit Kartoffeln und der Hecht, die immer ganz serviert werden, aber auch Muscheln und Froschschenkel findet man auf der Speisekarte. In sechster Generation sind schon Yves' Sohn Mathieu wie auch Patrices Sohn Alexandre in der Küche tätig und garantieren den Fortbestand des traditionsreichen Gasthauses, das nun wohl seinen bleibenden Namen gefunden haben dürfte.

Felsenfischsuppe

VORSPEISE FÜR 8 PERSONEN
ZUBEREITUNGS- UND KOCHZEIT 1 ½ STUNDEN

ZUTATEN

2 kg Felsenfische
10 kleine Strandkrabben
2 Zwiebeln
1 Paprikaschote
½ Knoblauchzehe
3 reife Tomaten
100 ml Olivenöl
30 g Fenchelkörner
80 g Tomatenmark
1 gute Prise Cayenne-Pfeffer
1 frische Chilischote
40 ml Cognac
4 Liter Wasser
3 Lorbeerblätter
1 Zweig Thymian
1 Zweig Bohnenkraut
Safran
Geriebener Parmesan
Croutons
Rouille-Sauce
Grobes Salz, Pfeffer aus der Mühle

Fische und Krabben sorgfältig putzen. Olivenöl in einem großen Kochtopf erhitzen, Fische und Krabben kräftig anbraten. Anschließend mit Cognac flambieren.

Kleingehackte Zwiebeln und Paprika, gepressten Knoblauch, Tomaten in Scheiben dazugeben. Das Ganze 5 Minuten auf großer Flamme mit dem Kochlöffel rühren. Hitze zurücknehmen, die restlichen Zutaten (Kräuter und Gewürze) hinzufügen und weitere 2 Minuten rühren.

4 Liter Wasser aufgießen und bei mittlerer Hitze 20 Minuten kochen.

Zentrifugieren und danach noch einmal aufkochen, dabei den Schaum abschöpfen.

Mit geriebenem Parmesan, Knoblauch Frittierten Croutons und Rouille-Sauce servieren.

„Dieses Gericht wird bei uns vor allem von den deutschen und schweizerischen Gästen sehr oft verlangt – es entführt sie in eine mediterrane Welt, obwohl sie nur mit der Fähre über den Rhein gefahren sind. Ich empfehle dazu einen schönen Elsässer Silvaner. Der Chauffeur darf, wie bekannt, keinen Alkohol trinken, zudem würde er sonst die Fähre nicht mehr treffen und in den Rhein fallen.“
Patrice Berna

Matelote in Rieslingsauce (Fischragout)

HAUPTGANG FÜR 8 PERSONEN
ZUBEREITUNGS- UND KOCHZEIT 1 ½ STUNDEN

ZUTATEN

400 g Hecht
400 g Aal
400 g Zander
400 g Forelle oder Schleie
300 ml Riesling
200 ml Fischfond oder Wasser
1 Zwiebel
4 Knoblauchzehen
Grobes Salz
Butter
Frische Nudeln

SAUCE
200 g Champignons
50 g Butter
50 g Mehl
½ Liter Crème fraîche
Saft einer ½ Zitrone
2 Prisen Gewürzmischung „quatre épices" (Pfeffer, Ingwer, Muskat, Gewürznelken)
Estragon und Petersilie, gehackt

ZUBEREITUNG FISCH

Die Fische schuppen, ausnehmen, Flossen entfernen, wässern. Mit Küchenkrepp trocknen und in Stücke schneiden. In einem großen Schmortopf die Zwiebel in etwas Butter andünsten, dann Knoblauch, Riesling, Fischfond (oder Wasser) und grobes Salz dazugeben.

Zum Köcheln bringen. Die Fische beigeben: zunächst Aal und Hecht, dann Schleie (oder Forelle) und zuletzt den Zander. 10 Minuten sanft garen lassen.

Die Champignons putzen und in Scheiben schneiden. In etwas Wasser mit der Hälfte des Zitronensafts etwa 2 Minuten garen. Abtropfen lassen.

ZUBEREITUNG SAUCE

Mit der Butter und dem Mehl eine helle Mehlschwitze rühren. Im Topf abkühlen lassen.

Den Fisch auf einer Platte anrichten und warm halten. Der Mehlschwitze etwas Fischsud beigeben, mit dem Schneebesen schlagen. Den Rest Zitronensaft, Crème fraîche, Gewürzmischung, Estragon und Champignons in die Sauce einrühren. Abschmecken.

Die Sauce heiß über den Fisch gießen. Mit gehackter Petersilie garnieren. Dazu frische Nudeln und einen guten Elsässer Riesling servieren.

„Wir liegen zusammen mit weiteren elf Restaurants an der Route de la Matelote, der gastro-touristischen Straße mit dem sogenannten »Matrosengericht«. Es handelt sich dabei um ein altes elsässisches Gericht, das besonders im Ried aus Süßwasserfischen – Hecht, Aal, Zander, Schleie, Barsch und Aalrutte – zubereitet wurde. Jedes Restaurant hat aber ein besonderes Rezept, sodass das Gericht überall eine andere Geschmacksrichtung besitzt. Unser Rezept stammt von meinem Großvater."

Patrice Berna

Birgit macht sich auf den Weg … vom Kaiserstuhl ins Elsass

War es jugendlicher Übermut, den die junge Hotelbetriebswirtin Birgit Bräutigam zur Übernahme eines gastronomischen Betriebs ins Elsass führte? Auf alle Fälle hat sie alle, selbst die sprachlichen, Herausforderungen gemeistert und dabei auch ihren Mann gefunden. Jacques Drouot steht als gelernter Koch der Küchenchefin Marie Baumann gerne zur Seite, denn nicht nur bei schönem Wetter und vollbesetzter Terrasse wird jede Hand benötigt.

Birgit Bräutigam stammt aus dem bekannten Restaurant und Hotelbetrieb Bräutigams Weinstube in Ihringen am Kaiserstuhl. Sie absolviert eine Lehre als Hotelfachfrau im Hotel Hirschen im Glottertal, arbeitet am Vierwaldstädtersee und macht ihren Hotelbetriebswirt in Heidelberg. Vater Joachim ist zu der Zeit in den besten Jahren und denkt noch nicht ans Aufhören – was soll Birgit mit ihren sechsundzwanzig Jahren tun? Zupackend, wie es seine Art ist, schaut sich der Vater nach einem Restaurant um, das für die junge Birgit in Frage käme – und kauft kurz entschlossen das Restaurant Auberge Les Bagenelles, das auf 500 Höhenmetern und vier Kilometer entfernt von Sainte-Marie-aux-Mines liegt.

Birgit zieht mutig um ins Elsass, und das, ohne ein Wort Französisch zu können! Sie macht sich mit viel Humor, den sie sich immer bewahrt hat, an die Arbeit und schnappt beim Bedienen und von ihren Angestellten Brocken für Brocken Französisch auf, sodass sie es nach einiger Zeit praktisch akzentfrei beherrscht. Natürlich hilft es ihr im Umgang mit Elsässern, die zu Anfang aus Neugier kommen, dass sie den Kaiserstühler Dialekt spricht, der mit dem Elsässischen verwandt ist. In die Küche kann sie eine bewährte Kraft aus dem Kaiserstuhl mit ins Elsass locken – Mario Meister bleibt für mehrere Jahre und baut den Ruf des Hauses kulinarisch auf. Liebevolle Dekorationen in den Gasträumen schaffen eine heimelige Stimmung, wobei das ansprechende Porzellangeschirr von Anne Ehret aus Ranrupt dem Kulinarischen eine weitere besondere Note verleiht.

Das Haus liegt am Gebirgsbächlein der Lièpvrette und an der Zufahrtsstraße zum col des Bagenelles, der mit seinen 905 Metern schon ein Teil der Vogesenhöhenrücken bildet. Nicht weit davon verläuft die Grenze zwischen den Départements des Haut-Rhin (68) und der Vogesen (88). Im Ersten Weltkrieg bildete sie auch die Grenze zwischen dem Deutschen Reich und der französischen Republik – der Pass von Sainte-Marie-aux-Mines sowie der Tête du Violu und andere Gipfel waren besonders in den Jahren 1915 und 1916 hart umkämpft. Auf dem Pass endet der nördliche Ausläufer der Route des Crêtes („Vogesenkamm-Straße"), die im Ersten Weltkrieg als Versorgungsstraße der französischen Truppen angelegt worden war. Der Pass verbindet das val d'Argent (Silbertal) mit dem vallée de la Béhine, die als Flüsschen ihren Weg am Ort Le Bonhomme vorbei ins Tal nimmt.

Rennradfahrer, aber auch Motorradfahrer, wissen die Vorzüge aller kurvigen Anstiege zur langgezogenen Kammstraße ausgiebig zu nutzen. Hier bietet sich das Restaurant als willkommene Etappe an – eine überdachte Terrasse lädt auch zum längeren Verweilen. Das Hotel mit seinen zwölf Zimmern kann zwanzig Gäste beherbergen und ist mit viel Erfolg als motorradfreundliche Unterkunft gelistet.

Eines Abends, und ab da immer öfter, stellt sich Jacques Drouot an die Theke, um noch ein kleines Gläschen zu trinken, aber vor allem, um mit der jungen und attraktiven Wirtin ins Gespräch zu kommen. Er stammt aus dem Restaurant La Calèche drunten im Ort, das seine Eltern führen und das für seine elsässischen Spezialitäten immer noch bekannt ist. Um später einmal den elterlichen Betrieb zu übernehmen, macht er eine Kochlehre und arbeitet auch in Deutschland – sogar bis nach Münster in den Oer'schen Hof ist er gekommen. Er kann, im Gegensatz zu Birgits Französischkenntnissen, mit weitaus umfangreicheren Deutschkenntnissen aufwarten. Relativ schnell ist man sich in allen Fragen einig: Jacques wird Birgits Mann und übernimmt die Aufgaben des Kochs in der Auberge. Zwei Söhne kommen zur Welt, Louis und Théo, die sprachlich elsässisch und badisch aufwachsen und in der Schule Hochdeutsch und Französisch lernen. Jacques hat sich nach und nach aber aus der Küche zurückgezogen, er geht seiner Abenteuerlust nach und bietet seine Touren auch den Gästen an. Von Wanderungen durchs Silbertal, Segway-Touren bis zu ULM-Flügen reicht seine Angebotspalette, die er mit großem Spaß vermittelt.

Bei den Fondue-, Coq-au-vin-Abenden, dem Fischbüffet oder dem Familienbüfett springt er jedoch auch wieder gerne in der Küche mit ein. Die thematischen Angebote haben sich in der Auberge zu wahren Rennern entwickelt, bei denen alle Hände benötigt werden, die jetzt Küchenchefin Marie Baumann dirigiert.

Wohl durch den erfolgreichen Kaiserstühler Widerstand gegen den Bau eines Atomkraftwerks in Wyhl sensibilisiert, legt man in der Auberge auch großen Wert auf nachhaltige Umweltverträglichkeit. Das verliehene Écolabel Européen ist nur durch konsequente Umsetzung von Energieeinsparungen oder Mülltrennung zu erhalten. Zudem kann man sein Elektrofahrzeug „tanken" und dabei von der Terrasse aus gemütlich ins Tal blicken.

Hirschragout in Rotwein

HAUPTGERICHT FÜR 4 PERSONEN
ZUBEREITUNGS- UND KOCHZEIT 3 ½ STUNDEN

ZUTATEN

800 g Hirschragout, geschnetzelt
1 Zwiebel
1 Knoblauchzehe
300 ml Rotwein
100 ml Öl
1 Zweig Kerbel
5 Wacholderbeeren
2 Lorbeerblätter
1 Zweig Thymian
½ Liter Wildfond (oder Wasser)
Salz, Pfeffer aus der Mühle
2 Löffel Mehl
2 Löffel Preiselbeermarmelade

BEILAGEN
Champignons in Sahne
Rosenkohl
Rotkraut
Selleriepüree
Birne in Rotwein

ZUTATEN FÜR DIE BEILAGEN
200 g Champignons
200 g Rosenkohl
400 g Rotkraut
100 g Kartoffeln
300 g Sellerie
2 Birnen
1 Liter Glühwein
2 Äpfel
½ Zwiebel
200 ml Apfelsaft
60 g Butter
200 ml Sahne
500 ml Milch
2 Esslöffel Preiselbermarmelade
Salz

ZUBEREITUNG HIRSCHRAGOUT

Zwiebel und Knoblauch schälen und kleinhacken. Das Öl in einem Schmortopf erhitzen, die Fleischstücke darin auf allen Seiten schön braun anbraten. Zwiebel und Knoblauch beigeben. Das Ganze 5 Minuten weiterschmoren. Das Mehl dazugeben, alles verrühren und mit dem Wein ablöschen. Pfeffer, Salz, Kerbel, Wacholder, Thymian und Lorbeer hinzufügen, mit dem Wildfond (oder Wasser) übergießen, Preiselbermarmelade einrühren. Mit Deckel 90 Minuten köcheln lassen; wenn nötig immer wieder etwas Fond oder Wasser hinzugeben, damit ständig im Topf Sauce bleibt.

ZUBEREITUNG GEMÜSE

Champignons waschen und in Scheiben schneiden. Den Rosenkohl putzen. Das Rotkraut in feine Streifen schneiden. Kartoffeln und Sellerie schälen und in kleine Stücke schneiden. Äpfel schälen und dünn aufschneiden. Zwiebel schälen und klein hacken. Birnen schälen, zweiteilen und Kerngehäuse entfernen.

Die Birnenhälften im siedenden Glühwein ziehen lassen. Nach etwa 20 Minuten mit einem Messer prüfen, wie gar sie sind (aber nicht weich werden lassen). Vom Feuer nehmen und im Wein abkühlen lassen.

ZUBEREITUNG SELLERIEPÜREE

Kartoffeln und Sellerie in ½ Liter Wasser und ½ Liter Milch mit etwas Salz garen. Das Ganze mit dem Kartoffelstampfer bzw. einer Kartoffelpresse verarbeiten, 20 Gramm Butter und 50 ml Sahne unterrühren. Abschmecken.

Den Rosenkohl in kochendem Salzwasser garen. Danach sofort mit eiskaltem Wasser abschrecken, damit er schön grün bleibt.

Die Birnen abtropfen lassen und den Glühwein aufbewahren.

Zwiebeln in 40 g Butter anschwitzen. Die Äpfel und den Rotkohl dazugeben. Alles vermischen, den Apfelsaft und den Kochwein der Birnen dazugießen. Abgedeckt mindestens 1 ½ Stunde garen.

ZUBEREITUNG CHAMPIGNONS À LA CRÈME

50 ml der Ragout-Sauce entnehmen und mit 150 ml Sahne in einen Kochtopf geben. Aufkochen und die geschnittenen Champignons hinzufügen. 2 Minuten kochen und bis zum Anrichten beiseitestellen.

Jacques Drouot hat ein Rezept aus dem elterlichen Restaurant La Calèche verfeinert in die Auberge übernommen: „Wir sind hier von wunderbaren und wildreichen Wäldern umgeben und liegen inmitten des Naturparks Ballons des Vosges. Diesen Reichtum möchte ich bei meinen Führungen, aber auch mit meinen Gerichten sichtbar und sinnlich erfahrbar werden lassen.“

Maronendessert mit Vanilleeis (torche aux marrons)

NACHTISCH FÜR 4 PERSONEN
ZUBEREITUNG 20 MINUTEN

ZUTATEN

300 g Maronenpaste
300 g Maronenpüree
20 ml Kirschwasser
½ Liter Vanilleeis
4 Meringen
400 ml Sahne
1 Esslöffel Kristallzucker

ZUBEREITUNG

Paste und Püree mischen, dann Kirschwasser hinzufügen und alles miteinander gründlich zu einer homogenen Mischung rühren. Sahne schlagen und gegen Ende einen Löffel Zucker beigeben.

ANRICHTEN

Ein kleines Häufchen Schlagsahne auf den Teller geben, darauf eine Kugel Eis legen. Meringe zweiteilen und die beiden Hälften an die Eiskugel pressen. Die Kastaniencreme durch eine Kartoffelpresse auf das Eis drücken. Mit einem Spritzbeutel ein Sahnehäubchen daraufspritzen und ein paar kleine Sahnetupfer auf dem Teller verteilen.

„Mit dem Maronendessert und dem Vanilleeis kann man Jung und Alt begeistern. Es passt vor allem nach einem der Wildgerichte, die bei uns zubereitet werden. Alle stehen danach zufrieden vom Tisch auf, und das ist für uns das Wichtigste.“
Birgit Drouot

Eine schwäbische Ferme-Auberge im Elsass

Eine klassische Ferme-Auberge in den Vogesen – Vieh-, Geflügel- und Schweinezucht, eigene Fleisch- und Wurstwaren, selbst gebackenes Bauernbrot – alles, außer Käse, wird hier hergestellt. Doch halt: Spätzle und Anklänge an die schwäbische Küche verraten, dass in dieser Ferme „eingewanderte" Vogesenbauern erfolgreich am Werk sind. Peter und Waltraud Strejc begründeten mit Tochter Bettina und Sohn Stefan das Projekt und schufen sich eine Welt nach ihren Wünschen, die sie mit ihren Gästen gerne teilen.

Schwaben oder genauer: Württembergern sowie Badenern sagt man gemeinhin nach, man würde sie überall auf der Welt antreffen, was wohl auch zutrifft. Die Familie Strejc kommt zwar aus dem schwäbischen Marbach am Neckar, ist aber in den Kriegswirren schon aus ihrer angestammten Heimat im Sudetenland vertrieben worden. Die Familie besaß einen großen Hof, der Großvater von Bettina und Stefan war Metzger und Koch – den Vater Peter trieb, neben seinem erlernten Beruf als Kaufmann, immer die Idee um, einmal wieder einen Hof zu besitzen. Im Schwäbischen war das nicht möglich, aber durch eine kleine Annonce in Sonntag aktuell ließ sich 1989 das Vorhaben verwirklichen, allerdings rund zweihundertfünfzig Kilometer weiter westlich und im Elsass gelegen. Vier Hektar Land und ein alleinstehendes Haus mit Aussicht, doch das Haus war seit Jahren verlassen, zugewachsen und es gab keinen Zufahrtsweg. Trotzdem machten sich die Strejcs aus Schwaben ans Werk im Elsass – vier Generationen wohnen heute dort unter einem Dach!

Vater Peter zog als Erster und alleine ins Elsass, um das Haus und die kleinen Stallungen bewohnbar zu machen – die Mutter Waltraud arbeitete für weitere zehn Jahre in Wochenschichten „draußen" und kam in der freien Zeit mit Zug und Bus nach Sainte-Marie-aux-Mines. 1992 und nachdem ein befahrbarer Weg angelegt war, begann man mit der Vermietung von fünf Zimmern, organisierte sich in der Vereinigung Bienvenue à la Ferme (Willkommen auf dem Bauernhof) und wurde auch als gîte rural (Zimmer- und Wohnungvermietung auf dem Land) anerkannt. Nach und nach lieferten die eigenen Tiere auch Produkte, die zum Frühstück angeboten werden konnten.

Für eine ausreichende Wasserversorgung musste die vorhandene Quelle mit einem Reservoir von sechstausend Litern Fassungsvermögen angelegt werden. Der nächste Schritt war dann die Erweiterung des Angebots mit Halbpension, denn den Gästen war der Weg hinunter ins Tal oft zu weit, um dort noch etwas zu essen. Die Erweiterung ging auch damit einher, dass Bettina gerade aus der Schule in Sainte-Marie entlassen wurde, die sie noch zwei Jahre besucht hatte. Hier lernte sie auch die französische Sprache und stieg mit achtzehn Jahren gleich ins Geschäft ein – bald war man „auberge de montagne", dann erhielt man 2004 das begehrte Label einer Ferme-Auberge, die nach ihrem Vater Peter heißt, der überall nur als „Pierre" bekannt war und ist.

Die Gaststube, in der das heimische Holz dominiert, weist dreißig Plätze auf. Und auf der Veranda finden weitere zwanzig Gäste Platz. Wegen der abseitigen Lage ist eine Reservierung sehr zu empfehlen, dies besonders am Tag der offenen Tür, der immer am letzten Sonntag im Mai stattfindet. Geöffnet hat der Berggasthof täglich vom 1. März bis zum 15. November.

„Am Anfang", sagt Bettina, „war alles verwirrend und ich musste mich in die ganze französische Bürokratie, vor allem das Steuerwesen, einarbeiten – wir sind ja in gewisser Weise ein untypischer Betrieb, aber durch den Besuch von Seminaren habe ich es langsam, aber sicher hinbekommen." Für ihr Engagement in der Vereinigung der Bergbauerngasthöfe (Association des Fermes-Auberges du Haut-Rhin) und die Gestaltung des Angebots auf und in der Ferme-Auberge bekam sie 2014 und gleichzeitig zu ihrem 40. Geburtstag mit der Médaille de Bronze du Tourisme eine gebührende Auszeichnung.

Die für eine Ferme-Auberge notwendige Landwirtschaft mit inzwischen fast fünfzig Hektar betreibt Bettinas Bruder Stefan. 2003 investierte die Familie eine große Summe in den Um- und Neubau eines Stalles. Da der Untergrund überall aus Granit besteht, waren zu dieser Baumaßnahme Sprengungen nötig.

An die vierzig Kühe der widerstandsfähigen und typischen Vogesenrasse weiden mit ihren Kälbern auf den steilen Hängen und liefern auch ein leckeres Fleisch, das wie das Fleisch der auf Stroh gehaltenen fünfzig Schweine, Hasen, Geflügel … für die Gäste der Ferme-Auberge verarbeitet wird. Aus einer ehemaligen Metzgerei konnten nützliche Gerätschaften übernommen werden, die für die Wurstproduktion, der sich Vater Pierre mit Hingabe widmet, und das Räuchern der Schinken unerlässlich sind. Geschlachtet werden die Tiere allerdings in Schlachthäusern, zum Beispiel in Rambervillers.

Stefan beliefert auch Märkte in Kaysersberg und in Sainte-Marie-aux-Mines mit Fleisch- und Wursterzeugnissen und selbst gebackenem Brot. Bettinas Sohn Kadir-Pierre macht, wen wundert es, eine Ausbildung zum Metzger und wird nach der Meisterprüfung im Betrieb arbeiten. Die beiden jüngeren Söhne gehen noch zur Schule, doch Michael/Mikael interessiert sich jetzt schon für den landwirtschaftlichen Bereich und Aaron besonders für alle vierbeinigen Bewohner.

Schwäbisch-elsässischer Rinder-und Schweine-Gulasch mit Spätzle

HAUPTGERICHT FÜR 4 PERSONEN

ZUBEREITUNGS- UND KOCHZEIT 1 ½ STUNDE

ZUTATEN

GULASCH
500 g Rindergulasch
500 g Schweinegulasch
2 kleine Zwiebeln
½ rote Paprika
1-2 Knoblauchzehen
1 kleine Karotte
2 Lorbeerblätter
3 Wacholderbeeren
10 cl Rotwein
½ Liter Fleischbrühe
Reichlich Wasser
Salz
Pfeffer
Paprikapulver

SPÄTZLE
4 Eier
200 g Mehl
1 Prise Salz
1 Esslöffel Grieß

ZUBEREITUNG GULASCH

Zwiebeln schälen und grob schneiden. Das in Würfel geschnittene Fleisch mit Salz, Pfeffer und Paprikapulver würzen. Dann stark in Öl oder Fett anbraten und die klein geschnittene Karotte, den Knoblauch und die Paprika dazugeben.

Mit dem Rotwein ablöschen und reduzieren lassen, dann die Wacholderbeeren und Lorbeerblätter hinzugeben. Das Ganze mit ungefähr einem halben Liter Fleischbrühe und genauso viel Wasser aufgießen und gut eine Stunde garen lassen. Es muss immer so viel Flüssigkeit sein, dass das Fleisch bedeckt ist.

ZUBEREITUNG SPÄTZLE

Eier verquirlen, nach und nach Mehl dazugeben und mit einem Kochlöffel gut schlagen, dann die Prise Salz und einen Esslöffel Grieß hinzugeben. Man muss nach und nach und unter ständigem Durchschlagen immer so viel Mehl dazugeben, bis der Teig ganz zähflüssig ist und Blasen wirft. Und vor allem darauf athten, dass keine Mehlklumpen entstehen.

Reichlich Wasser in einem großen Topf mit etwas Salz zum Kochen bringen. Mit einer Spätzlepresse oder mit dem Handschaber den Teig in kleinen Stücken in das kochende Salzwasser geben. Einmal aufkochen lassen (die Spätzle müssen oben schwimmen). Abschöpfen und servieren.

„Meine Mutter schafft mit diesem Gericht eine schwäbisch-elsässische Mischung, denn es besteht aus original schwäbischen Spätzle und dem Fleisch der bei uns auf dem Hof aufgezogenen Rinder und Schweine. Unsere Gäste lieben diese Kombination, das Gericht ist ein wahrer Renner. Mit unserem Angebot besitzen wir auch ein Alleinstellungsmerkmal – als Deutsche auf einer Ferme-Auberge im Elsass sind wir zudem immer schon etwas »exotisch« gewesen.“
Bettina Strejc

Die klassische Tourte aus dem Elsass

VORSPEISE FÜR 10 PERSONEN

ZUBEREITUNGS- UND KOCHZEIT 1 ½ STUNDEN

ZUTATEN

TEIG
5 kg Weizenmehl
1 kg Pflanzenfett
500 g Schweineschmalz
2 ½ Esslöffel Salz
1 Esslöffel Zucker
Je nach Mehlsorte bis zu 2 ½ Liter Wasser

BRÄT FÜR DIE TOURTE
1 kg Schweinefleisch vom Nacken
200 bis 250 g Speck
1 Zwiebel
1 Knoblauchzehe
2 Scheiben Brot
Petersilie
3 Eier
Salz
Pfeffer
Muskat
Oregano
20 cl Sahne

ZUBEREITUNG TEIG

Alle Zutaten in eine gute Küchenmaschine geben und mindestens 10 Minuten kneten lassen, dann nach und nach Wasser dazugeben, bis der Teig ganz glatt und nicht mehr klebrig ist. Mit dem Teig dann eine ofenfeste Backform auskleiden. Für den Deckel der Tourte Teig beiseitestellen.

Man kann den Teig schon sehr gut im Voraus zubereiten oder nach Bedarf portionieren, er hält sich, kühl gestellt, mindestens zwei Wochen.

ZUBEREITUNG BRÄT

Das Fleisch durch einen Wolf drehen, sodass es sehr fein wird, ebenso den klein geschnittenen Speck, das vorher etwas in Wasser eingeweichte Brot, die Zwiebel, Knoblauch und die Petersilie.

Das Ganze gut vermischen, die Eier hinzugeben, dann mit etwas Pfeffer, einer Prise Muskat und Oregano würzen. 20 cl Sahne nach und nach zugeben und zum Schluss mit etwas Salz abschmecken.

Die Masse dann in den Teig eingeben, den Deckel schließen und das Gericht rund 50 Minuten bei 170 Grad backen. Dazu reicht man am besten einen grünen Salat.

„Wir wollen unseren einheimischen Gästen zeigen, dass wir auch die hiesigen Spezialitäten und Rezepte beherrschen, zumal mit auf dem Hof erzeugtem, gutem Fleisch. Und allen anderen Gästen, vor allem den Deutschen, bieten wir Gerichte, die es in dieser Form in Deutschland nicht gibt, und die es lohnt, dass sie entdeckt werden. So eine Tourte macht nicht nur die Wanderer wieder richtig fit!“
Bettina Strejc

Michaela Peters, die erste deutsche Sterneköchin in Frankreich

Michaela Peters (re.) kam wegen der berühmten französischen Kochkunst ins Elsass und blieb dann aus Liebe … zu Laurent Pellegrini (Dritter von re.). Zusammen betreiben die beiden die im Park der Carola-Mineralbrunnen idyllisch gelegene Auberge. Klar, modern und luftig-leicht ist das Restaurant geschmackvoll eingerichtet und entspricht damit den servierten Gerichten, die sie in der Küche zubereitet und die er mit seinen leckeren Desserts krönt. Fazit: Diese Auberge ist weit mehr als eine Herberge!

Im Münster*land*, nicht im badischen oder elsässischen Münster*tal*, ist Michaela Peters zur Welt gekommen. Den bodenständigen Westfalen sagt man nicht unbedingt nach, dass sie sehr reise- und abenteuerlustig wären, zu tief sitzen dort vielleicht noch die preußischen Herrschaftsjahre, die Generationen prägten. Aber hatte nicht Napoléon seinem Bruder Jérôme für kurze sechs Jahre das Königreich Westphalen beschert? Ein Funken französischer Lebensart mag Michaela Peters in die Wiege gelegt worden sein.

Den Westfalen wird ein Hang zu deftigem, fleischhaltigen Essen nachgesagt, man denke nur an den Westfälischen Schinken oder das Möppkenbrot. Folgerichtig absolvierte Michaela Peters in der renommierten Fleischerei Huesmann eine Lehre als Fleischfachverkäuferin – eine hervorragende Ausgangslage, um im Feinkostparadies Holtmann in Köln zu arbeiten. Damit nicht zufrieden, erwachte in ihr der Gedanke, selbst Speisen zu kreieren und kurzerhand bewarb sie sich zur Kochausbildung im Parkhotel Schloss Hohenfeld in Münster. Ihr selbst gewählter Weg ist damit aber noch nicht zu Ende, denn immer kann man bei den Besten noch etwas lernen. Und die Besten sind die Haeberlins in Illhäusern.

Mutig bewirbt sie sich mit dreiundzwanzig Jahren im Elsass und das, mit nur ein paar Brocken Französisch im Handgepäck. In der Küche des Drei-Sterne-Hauses spricht man etwas elsässisch mit ihr. „Unermüdlich", wie Marc Haeberlin sagt, steht sie am Herd und lernt „nebenbei" auch noch perfekt französisch – eine harte Phase in ihrem Leben! „Je l'observe", schrieb einmal Martin Graff in seiner zweisprachigen Kolumne der Badischen Zeitung, „wie sie mit Kunden spricht, einfach klasse, comme si elle était née à Paris!" Flügge geworden, arbeitet sie im Aux Armes de France in Ammerschwihr, im Le Valet de Cœur in Ribeauvillé und besucht gleichzeitig und erfolgreich die Meisterschule in Heidelberg.

Doch nun lockt ein neues Abenteuer. Die Haeberlins speisen ab und an mit ihrer Belegschaft bei Kollegen und eines ihrer Ziele ist das Rendez-Vous de Chasse im Colmarer Hôtel Bristol. Unübersehbar erhebt sich das mächtige Gebäude gegenüber dem Hauptbahnhof, der 1905 und damit in der „deutschen" Zeit erbaut wurde. Die junge Köchin imponierte dem damaligen Eigentümer Richard Riehm so sehr, dass er ihr 2003 den Posten der Küchenchefin anbietet. Schnell erobert sie sich mit ihrem engagierten Team die Herzen und Mägen ihrer Gäste – die Michelin-Tester werden auf ihre Küche aufmerksam und bewerten ihre Kochkunst mit einem Stern. Michaela Peters wird damit zur ersten deutschen Köchin, die sich in Frankreich einen Stern erkochen konnte!

Und auch privates Glück stellt sich ein. Chef-Patissier Laurent Pellegrini wird nicht nur in der Küche, sondern auch im richtigen Leben ihr Partner. Müßig zu erwähnen, dass sie „wie nebenher" zwei Kinder zur Welt bringt. Niels und Lisa wachsen „natürlich" zweisprachig auf. Ihre Namen klingen unverfälscht und identisch sowohl in der deutschen Mutter- als auch in der französischen Vatersprache.

Der Erfolg als Sterneköchin steigt ihr nicht zu Kopf, obwohl sie in den Medien beidseits des Rheins mit ihrem restaurant étoilé hofiert wird; im GU-Verlag kommt 2007 ein Buch mit dem Titel *Oui chef!* heraus.

Wer nun geglaubt hat, dass sich die ambitionierte „Chefin" auf ihrem Posten einrichten würde, um vielleicht sogar mit preußischer Disziplin den nächsten Stern in Angriff zu nehmen, der wurde eines Besseren belehrt. Denn 2010 bietet sich die Chance, ein eigenes Restaurant zu betreiben. Auberge du Parc Carola heißt das stilvolle Restaurant in Ribeauvillé, das inmitten eines Parks mit schattenspendenden Trompetenbäumen liegt. Namensspendend ist die Quelle des Carola-Mineralwassers. Der „Sterne-Chichi", überbordendes Interieur und sahnehaltige, schwere Gerichte sind ihr ein wenig zuwider. Endlich ist sie wirklich ihr eigener Chef. Sie, wie Laurent, lieben einen glatten Holztisch ohne schwere Damasttischdecken und funktionales Geschirr. Auf den Tisch kommen korrespondierende ehrliche, bodenständige und dennoch raffinierte Gerichte, zum Teil in aparten Pfännchen, separaten Schüsselchen oder gusseisernen Terrinen serviert.

Was macht ihre Kunst aus? Mit den Gerichten, die auf regionalen Produkten basieren, möchte sie, in aller Bescheidenheit, ihre Gäste einfach überraschen. Diese Überraschung gelingt bei den gewählten Zusammenstellungen zweifellos. „Elsässischer geräucherter Wildschweinschinken mit Feldsalat und Kartoffeldressing" oder „gegrillte Jakobsmuscheln mit Gnocchi und Wintertrüffel mit feinen Parmaschinken-Scheiben" oder „Froschschenkel in Tempura mit Dips vom Bibelaskas" zeigen eine zeitgemäße und mehr als schmackhafte Adaption des Regionalen. Und die kochenden Eltern denken auch an den Nachwuchs ihrer Gäste und servieren ein gebratenes Bio-Hähnchenfilet, mit frischen Gemüsen und Nudeln. Beim Dessert kann sich dann Laurent Pellegrini nach Herzenslust verwirklichen … Fazit: Das Königreich Westphalen ging unter – es lebe das kulinarische Königreich in Ribeauvillé!

Spargelsalat mit Zuckererbsen und Cherry-Tomaten an Zitronenolivenöl-Dressing

VORSPEISE FÜR 4 PERSONEN
VORBEREITUNGS- UND KOCHZEIT 1 STUNDE

ZUTATEN

SALAT
16 weiße Spargelstangen
150 g Kefen (Zuckererbse, Kaiserschote)
20 Cherry-Tomaten
Einige frische Frühlings-Kräuter, z. B. Kerbel, Schnittlauch, Petersilie

DRESSING
2 Esslöffel weißer Balsamico-Essig
3 Esslöffel Zitronenöl (oder Olivenöl mit etwas Zitronensaft würzen)
1 Teelöffel Sojasauce, hell
Salz
Schwarzer Pfeffer aus der Mühle

GARNITUR
150 g junger Blattsalat
Dunkler, alter Balsamico-Essig

ZUBEREITUNG SALAT

Die Spargelstangen waschen und schälen, der Länge nach mit einem Gemüsehobel in hauchdünne Streifen schneiden, blanchieren.

Den Blattsalat waschen.

Die Zuckererbsen putzen und in mundgerechte Stücke schneiden. Die Tomaten waschen und halbieren. Die Kräuter waschen, fein schneiden oder zupfen.

ZUBEREITUNG DRESSING

Alle Zutaten miteinander vermischen und mit Salz und Pfeffer abschmecken.

ANRICHTEN

Salat mit Gemüse mischen und im Dressing wenden. Portionsweise auf den Tellern anrichten und mit wenigen Tropfen eines alten, dunklen Balsamicos garnieren.

Dazu passen am besten Knoblauch-Crostinis.

„Spargel ist eine der typischen Spezialitäten im Elsass, die zum Frühling gehören, wie die aus dem Süden heimkehrenden Störche. Das Gemüse kann natürlich klassisch zubereitet werden, ich mag es aber gerne, wenn feine Spargelstangen in einem frischen Salat alle Frühlingsaromen zur Entfaltung bringen.“
Michaela Peters

Wildhasenfilet mit Lardo, Pastinakenpüree und Weintrauben

HAUPTGERICHT FÜR 4 PERSONEN

VORBEREITUNGS- UND KOCHZEIT 1 STUNDE

ZUTATEN

4 Wildhasenfilets (am besten ausgelöst beim Metzger kaufen)
24 Scheiben Lardo (italienischer Speck)
4 Scheiben durchwachsener Speck
4 Pastinaken, gewaschen
4 Längsstreifen von den Pastinaken geschält, den Rest geschält und in nicht zu große Stücke geschnitten
5 dl Milch
Butter, zum Anbraten
7 Weintrauben, gewaschen, halbiert
Muskatnuss, gerieben
Olivenöl, zum Frittieren
Pepe-Valle-Maggia-Pfeffer (ersatzweise schwarzer Pfeffer)

SAUCE
200 ml Honig
1 Esslöffel Korianderkörner
2 Anissterne
1 Esslöffel Szechuanpfeffer
1 Zimtstange
200 ml Balsamico-Essig
1 Liter Wildfond, den man in guten Geschäften kaufen kann

WILDHASENFILETS

Den Backofen auf 200 °C Umluft vorheizen. Die Wildhasenfilets jeweils mit 6 Scheiben Lardo umwickeln, mit dem Pfeffer bestreuen. 5 Minuten backen, herausnehmen und ruhen lassen.

PASTINAKENPÜREE

Die in Stücke geschnittenen Pastinaken mit der Milch und der Muskatnuss kochen, bis die Pastinaken gar sind. Anschließend pürieren, mit dem Pfeffer abschmecken und warm halten.

SAUCE

Den Honig in einem Topf mit den Gewürzen leicht anwärmen und karamellisieren lassen, dann mit dem Balsamico-Essig ablöschen. Die Flüssigkeit reduzieren lassen, bis sie sirupartig geworden ist, und dann mit dem Wildfond auffüllen. Die Flüssigkeit wieder auf die Hälfte reduzieren lassen und mit Gewürzen abschmecken.

GARNITUR

Die Weintrauben halbieren, entkernen und in der Butter anbraten. Den Speck ohne Zugabe von Fett kross braten. Die 4 Pastinakenstreifen in einer Fritteuse bei 140 °C frittieren oder in einer Pfanne kross braten.

ANRICHTEN

Die Filets in je 4 Stücke schneiden und mit je einer Scheibe gebratenem Speck und einigen Weintraubenhälften anrichten. Das Pastinakenpüree (in kleinen Gläsern) mit den Pastinakenchips separat servieren. Die Filets mit der Wildsauce übergießen und den Rest (in je ein kleines Glas füllen und) separat servieren.

„Im Münsterland, wo ich herkomme, und auch im Elsass, bedeutet die Jagd sehr viel. Ich bereite gerne Wild zu, denn es hat einen intensiven und authentisch natürlichen Geschmack, den man mit Zutaten aus der Region zur Geltung bringen kann. Was liegt im Elsass näher als die Weintrauben und auch die Speckscheiben, die ich zum Kochen verwende?“
Michaela Peters

Wie verzuckert liegt die elsässische Weinlandschaft bei Ribeauvillé unter einer Raureifschicht. Im Weinstock bereitet sich alles auf die ersten wärmenden Sonnenstrahlen vor. Bald setzt wieder die Arbeit der Winzer ein, die das ganze Jahr über Sorge dafür tragen, dass das Weinjahr zu einem Erfolg wird und es im Herbst heißt, eine hoffentlich gute Ernte einzufahren. Im Keller wird der Rebensaft dann zu jenen Weinen ausgebaut, die das Renommee der elsässischen Weine ausmachen: Gewürztraminer, Riesling, Pinot blanc...

Eine deutsch-französische Gourmet- und Weinverbindung

Durch Mittelwihr führt die 170 km lange Elsässische Weinstraße, die alle Weinorte von Marlenheim bis Thann miteinander verbindet. Im Ort bestehen zwei deutsch-französische Verbindungen, die über eine normale *jumelage* zwischen zwei verschwisterten Orten hinausgehen. Denn zwei Elsässer haben ihr privates Glück über dem Rhein gefunden: Jean-Jacques Klein seine Ruth (Bild oben) und Benjamin Baumann-Zirgel seine Valérie (Bild rechts). Die Kleins wirken in ihrem Gastronomiebetrieb und die Baumann-Zirgels in ihrem Weingut. Die deutsche Kundschaft schätzt es sehr, wenn man an beiden Orten die Sprache wechseln kann.

Was haben der Gastronom Jean-Jacques Klein und der Winzer Benjamin Baumann-Zirgel gemeinsam? Beide wohnen und arbeiten nicht weit voneinander entfernt in Mittelwihr. Das Restaurant befindet sich an der Hauptstraße, die sinnigerweise Route du Vin (Weinstraße) heißt, und das Weingut, hinter dem gleich die Rebzeilen ansteigen, liegt in der Rue de Vignoble (Weinbergstraße). Aber noch etwas eint sie und das ist, dass sie beide jeweils eine Frau an ihrer Seite haben, die aus Deutschland stammt.

Jean-Jacques Onkel war Patissier, seine Tante kochte bei einem Industriellen aus Lyon, der zur Jagd ins Elsass kam. Sein Vater war Metzger und belieferte neben Geschäften auch Restaurants mit seinen Fleisch- und Wurstwaren. Auf diesen Fahrten begleitete ihn sein Sohn und durch den Hinter- oder Lieferanteneingang kam er in manche Küche hinein. Eine Welt, die ihn faszinierte – so lernte er in den frühen 1980er Jahren Koch im Restaurant La Charrue in Hoerdt. Nach der Lehre sah er sich in Verbier und Villars-sur-Ollon in der Schweizer Gastronomie um, um dann für über ein Jahr in der Traube in Tonbach an der Seite von Harald Wohlfarth zu kochen. Am meisten begeisterte den wissbegierigen Jungkoch, wenn ihn einer der großen Lehrmeister auf die Seite nahm und ihm die Feinheiten eines Rezeptes und ein paar Kniffe zu dessen Zubereitung mit auf den Weg gab.

In der Traube arbeitete im Service Ruth, die aus Gießen stammt und im Waldhotel Laubach im heutigen Naturpark Vogelsberg gelernt hatte. Von nun an folgten und begleiteten sie sich auf den beruflichen Stationen – war Jean-Jacques im Bistro Cassolette in Ottobrunn, im Rue des Halles oder im La Cave in München, so arbeitete Ruth beim renommierten Feinkost Käfer. War er Chef de Partie im Le Patin d'Or oder im Speltz in Luxemburg, arbeitete sie dort im Service. War sie Restaurantleiterin im Hotel les Violettes am Wallfahrtsort Thierenbach, war er sieben Jahre Küchenchef im Beau-Séjour des Restaurants Keller oder Chef de Pâtisserie bei Jean-Yves Schillinger in Colmar.

Irgendwann waren sie das abwechslungsreiche, aber unstete Wanderleben satt und ließen sich im Dezember 2005 in Mittelwihr nieder. Das vorherige Restaurant war sechs Jahre lang geschlossen gewesen – es erforderte erhebliche Investitionen in die Inneneinrichtung, in die Küche, um im Table de Mittelwihr wieder zu Tisch bitten zu können.

Seit dieser Zeit hat sich das angenehme Restaurant im Weinort Mittelwihr zur vollen Zufriedenheit entwickelt. Die Menüs werden von heimischen Weinen begleitet und da fällt die Auswahl schwer, denn in Mittelwihr gibt es fast an die zwanzig Weingüter, die alle auf der Weinkarte vertreten sein wollen.

Eines der Weingüter ist das Weingut der Familie Baumann-Zirgel. Schon Abteien wie Murbach besaßen in Mittelwihr ihre Weinberge – der Mandelberg, der Schlossberg, Schoenenbourg und Sporen sind vier Lagen mit bedeutenden Grand-Cru-Lagen.

Kurz nach Kriegsende gründeten Xavier und Gabrielle Baumann ihren Betrieb, den sie 1975 an Nicole und ihren Mann Jean-Jacques Zirgel übergeben. Bedingt durch verwandtschaftliche Bande ins Elsass, kam die kleine Valérie Süss aus Stuttgart in jungen Jahren des Öfteren auf das Weingut. Schon im Alter von sechzehn Jahren wusste sie, dass sie mit dem Sohn des Hauses, mit Benjamin, zusammenbleiben wollte. Valérie machte eine Ausbildung zur Restaurantfachfrau im Brenners Park-Hotel Baden-Baden, arbeitete dann in Paris im legendären Hôtel de Crillon an der Place de la Concorde. Das Hotel war während des Krieges und der Besatzungszeit das Hauptquartier der deutschen Truppen in Paris und wurde danach bis 2005 von der Champagner-Familie Taittinger aus Reims verwaltet.

Benjamin beendete unterdessen seine Ausbildung als Winzer und die jugendliche Liebe hielt. 2007 wollte man heiraten, doch die Hochzeit wurde im wahrsten Sinne des Wortes verhagelt, ein Hagelschauer vernichtete die Ernte – niemand hatte unter den Umständen das Verlangen, ein großes Fest zu feiern, was 2009 aber nachgeholt wurde! Inzwischen ist der Betrieb auf zehn Hektar angewachsen und befindet sich in der Umstellung auf biologischen Anbau. Ein Höhepunkt im Jahr ist immer das Winzerpicknick am Pfingstmontag – vierhundert französische und deutsche Besucher legen dann zwanglos ihre mitgebrachten Köstlichkeiten auf den Grill und verkosten dazu gemeinsam die passenden Weine. Der Eintrittspreis ist jeweils ein Kuchen oder ein Dessert.

Champignoncreme, geschmorte Schnecken und Petersilienemulsion

VORSPEISE FÜR 4 PERSONEN
ZUBEREITUNGS- UND KOCHZEIT 2 STUNDEN

ZUTATEN

4 Dutzend Schnecken
1 schöne Karotte
2 mittelgroße Schalotten
1 Knoblauchzehe, gehackt
50 g Tomatenconfit (getrocknete und in Öl eingelegte Tomaten)
100 ml Weißwein, trocken
150 ml Geflügelbrühe
Salz, Pfeffer, Thymian, Lorbeerblatt
Olivenöl
3 Scheiben Toastbrot

CHAMPIGNONCREME
500 g Champignons (mit Waldpilzen noch besser!)
4 Schalotten
½ Liter Sahne
150 ml Geflügelbrühe
50 g Butter

EMULSION
1 Bund Petersilie
150 ml Geflügelbrühe
50 g Butter

ZUBEREITUNG

Schnecken saubermachen. Schalotten hacken, Tomaten und Karotte klein schneiden. Die Schnecken in Olivenöl kurz andünsten. Schalotten, Tomaten, Karotten und Knoblauch beigeben. Mit Weißwein ablöschen, Geflügelbrühe hinzufügen, ebenso Salz, Pfeffer, Thymianzweig und Lorbeerblatt. Zudecken und etwa 40 Minuten ganz sanft köcheln. Wenn nötig während der Kochzeit noch etwas Flüssigkeit hinzufügen. Thymian und Lorbeer herausnehmen. Zur Seite stellen.

Champignons waschen und klein schneiden. Die Schalotten klein hacken und in Butter langsam und ohne Färbung anschwitzen. Champignons, Hühnerbrühe und Sahne unterrühren. 5 bis 10 Minuten zugedeckt köcheln. Im Blender mixen.

Petersilie waschen und klein hacken. Mit der Geflügelbrühe aufkochen. Im Blender mixen, danach durch ein feines Sieb in einen kleinen Kochtopf geben.

Drei Scheiben Toastbrot in ganz kleine Würfel schneiden. In etwas Öl und Butter leicht anrösten.

ANRICHTEN

Die Champignoncreme in tiefe Teller geben. Darauf je ein Dutzend Schnecken inkl. Gemüsegarnitur im Kreis verteilen. Petersilienjus erhitzen und mit 50 g Butter emulgieren. Einen Puffer Schaum in die Mitte des Tellers geben und die Croutons drumherum verteilen.

„Die Weinberg-Schnecken gehören im Elsass wie in andern Regionen Frankreichs zum gastronomischen Angebot, das besonders auch bei den deutschen Gästen sehr beliebt ist, da man das nicht so oft auf der Karte findet. Mit Pilzen aus heimischen Wäldern ist das aber eine tolle Vorspeise."
Jean-Jacques Klein

Savarin mit eingemachten Sauerkirschen, Schokoladenschlagsahne und Sauerkirschsorbet

DESSERT FÜR 4 PERSONEN

ZUBEREITUNGSZEIT
3 ½ STUNDEN (EINEN TAG IM VORAUS ZUBEREITEN)

ZUTATEN

Sauerkirschsorbet (oder Vanilleeis)

SAVARINTEIG
100 g Mehl (Typ 550 – Deutschland)
100 g Eier
3,5 g Hefe
3,5 g Blütenhonig
1 g Salz
30 g weiche Butter

SIRUP ZUM TRÄNKEN DES SAVARINS
250 g Wasser
70 g Zucker
1 dicke Scheibe einer ungespritzten Orange
1 dicke Scheibe einer ungespritzten Zitrone
1 Vanilleschote
1 kleine Zimtstange
1 Sternanis
1 Glas Sauerkirschen in Likör (300 g)

SCHOKOLADEN-SCHLAGSAHNE
(am Vortag zubereiten)
300 g Sahne, mindestens 33 % Fettgehalt
60 g Schokolade (64 %)

SAVARINTEIG

In einer Teigschüssel Mehl, Eier, Hefe, Honig und Salz mit einem Rührgerät mischen. Sobald sich der Teig von den Rändern löst, Butter hinzufügen und weiterrühren, bis der Teig sich erneut löst. 30 Minuten ruhen lassen und in kleine ringförmige Savarin-Förmchen geben (antihaft beschichtet oder aus Silikon).

In den Förmchen ruhen lassen, bis der Teig um das Doppelte aufgegangen ist. Bei 180 °C etwa 20 Minuten backen. Sofort aus den Förmchen lösen und abkühlen lassen.

SIRUP

Alle Zutaten mit Ausnahme der Sauerkirschen aufkochen und eine Nacht ziehen lassen. 200 g vom Sauerkirschen-Likör unterrühren. Den Sirup ohne Aufkochen erwärmen. Die Savarins einzeln darin einmal umdrehen und auf einem Gitterrost abtropfen lassen.

SCHOKOLADEN-SCHLAGSAHNE

Die Sahne aufkochen und über die kleingehackte Schokolade gießen. 5 Minuten warten, dann umrühren (nicht schlagen). Mit Klarsichtfolie abdecken und über Nacht kühl stellen. Am folgenden Tag die Sahne mit der Schokolade aufschlagen.

ANRICHTEN

Die Savarins auf die Teller legen. Mit dem Spritzbeutel die Schlagsahne in die Mitte des Rings aufspritzen. Die Teller mit einigen Sauerkirschen garnieren und dazu eine Kugel Sorbet oder Vanilleeis geben. Dekoration nach Belieben.

„Das Dessert habe ich mit einem Augenzwinkern für den Schwarzwald gemacht. Es erinnert ein wenig an die Schwarzwälder Kirschtorte: Unser Baba schwimmt zwar auch im Kirschwasser und ist mit Kirschen dekoriert, aber er präsentiert sich auf dem Teller in anderer Form und mit einem etwas anderen Geschmack.“
Jean-Jacques Klein

Vor hundert Jahren, Schauplatz deutsch-französischer Kämpfe

Obwohl hundert Jahre her, ist in Metzeral die vergangene Geschichte präsent. Am gefühlten Ende des Münstertals öffnet sich mit dem Hôtel Aux Deux Clefs und besonders mit seinem Restaurant Les Clarines d'Argent ein unerwartetes gastronomisches Kleinod. Hier läuten die „versilberten Kuhglocken" der Familie Kempf in einem unerwartet gehaltvollen Ambiente zu einem reich gedeckten Tisch. Frédéric Kempf überarbeitet mit seinen Gerichten unermüdlich die traditionelle elsässische Küche und setzt ihr eine „goldene Krone" auf.

Von Colmar aus führt der Weg und seit 1868 eine Bahnlinie entlang der Fecht ins elsässische Münstertal, das einen friedlichen Anblick bietet. In Gunsbach wird mit einem in seinem Wohnhaus eingerichteten Museum an den 1875 in Kaysersberg geborenen Urwalddoktor und Friedensnobelpreisträger Albert Schweitzer erinnert. Das Haus konnte er 1928 mit Preisgeldern des Goethe-Preises der Stadt Frankfurt bauen lassen. Um den Ort herum ist ein Albert-Schweitzer-Gedenkweg angelegt, der auf sechzehn Tafeln das Leben und Werk näherbringt und wie das Denkmal die Erinnerung an das segensreiche Wirken lebendig halten soll. Auf zahlreichen Tondokumenten ist das Orgelspiel festgehalten, die musikalische Leidenschaft Schweitzers, der er mit Vorliebe auf Silbermannorgeln in der Oberrheinregion nachging.

Dem kulinarischen Genuss ist gleich am Ortsausgang das Museum des Münsterkäses mit Schaukäserei gewidmet (Maison du Fromage de la vallée de Munster). Der echte Münsterkäse hat hier seinen Ursprung. Er ist bei gewissem Reifestadium nicht zu „überriechen", doch hat es der einstige Küchenchef Émile Jung vom Crocodile geschafft, ein komplettes Menu vom Entrée bis zum Dessert mit Münsterkäse zu kreieren. Die elsässische Käsestraße hat seit ihrer Gründung 1968 nicht umsonst ihren Anfangs- und ihren Endpunkt in Munster. Die einstige Reichsstadt wurde schon 675 erwähnt, ihr Name geht auf das von irischen Mönchen gegründete Kloster Monasterium am Mönchsberg zurück, das während der Französischen Revolution zerstört wurde.

Weiter hinten im Münstertal liegt Metzeral, das auf eine 1200 Jahre lange Geschichte zurückblicken kann. In der siebten Generation betreibt die Familie Frédéric und Séverine Kempf das 1997 erstandene Hotel Aux Deux Clefs. Das Stammhaus der Familie, das Hôtel du Pont, befindet sich mitten im Ort. Frédérics Ur-Urgroßvater Martin Huck war Käsehändler. 1874 geboren, entsandte ihn sein Chef nach Belfort, wo er Französisch lernen sollte. Dorthin wurde der Münsterkäse mit der Eisenbahn, wie auch nach Dijon, Metz und Besançon geliefert. Auch in deutsche Städte, wie Karlsruhe oder Landau, ja bis nach Berlin ging vor dem Ersten Weltkrieg täglich eine Lieferung von zusammen fast 50 Kilogramm.

Ende 1914 wurde Huck in die deutsche Armee eingezogen und fand sich in der Kaserne in Breisach wieder. Dort muss er bald schlimme Nachrichten aus Metzeral vernehmen.

Die ursprüngliche deutsch-französische Frontlinie auf dem Höhenzug verschiebt sich nach einem erfolgreichen Vorstoß der französischen Kräfte im August 1914 bis nach Munster hinunter. Metzeral wird französisch, Gunsbach ist deutsch. Vor der Schlacht um Metzeral zwischen dem 15. und 24. Juni 1915 wird die Bevölkerung evakuiert, die französischen Truppen obsiegen, der Preis ist die totale Zerstörung des Ortes und heute noch sichtbar in den Soldatenfriedhöfen entlang des Tales. Die Häuser wurden danach wieder aufgebaut, die Bevölkerung kam zurück, die Kühe gaben wieder Milch und die Münsterkäse-Produktion lief bis nach dem Zweiten Weltkrieg.

Martin Huck stellte seinen Erben Jean Kempf, den Großvater von Frédéric, vor die Alternative, Käsehändler oder Gastwirt zu werden. Jean Kempf entschied sich mit seiner Frau Jeanne für das Letztere und begründet die Gastwirtsdynastie. Jeanne Kempf besitzt eine außergewöhnliche Postkartensammlung des Münstertals mit Motiven ab dem Jahr 1900. Ihr Sohn Jean-Martin lernte Koch in Trois-Épis und arbeitete dann bei den Haeberlins in Illhaeusern. Er erlebte besonders von 1970 bis 1980 goldene Jahre, als sehr viele Wander- und Übernachtungsgäste das Wanderparadies entdeckten. Zu den treuen Gästen zählt auch der seit 1947 amtierende Colmarer Oberbürgermeister Joseph Rey, der im Ersten Weltkrieg als deutscher Soldat eingezogen, in der NS-Zeit im KZ Schirmeck und im Gefängnis in Freiburg interniert war, und sich dennoch vehement für die deutsch-französische Freundschaft engagierte. Nicht zuletzt auf ihn geht die nach dem Krieg erste Gründung einer binationalen touristischen Straße, der Grünen Straße/Route Verte, 1961 zurück.

Frédéric Kempf begann seine Lehre in Illhaeusern, arbeitet dann im Schwarzen Adler in Oberbergen und im Grand Hôtel du Parc in Villars-sur-Ollon in der Schweiz. Mit einundzwanzig Jahren übernimmt er das Deux Clefs und richtet darin das Restaurant Les Clarines d'Argent ein. Zusammen mit seiner Frau Séverine betreibt er das Hotel mit fünfzehn Zimmern und das Restaurant mit achtzig Plätzen. Mit ihrem Sohn Jérémie, der die Hotelfachschule in Lausanne besucht, steht die achte Generation schon bereit, in einer friedlichen Zukunft Gäste zu empfangen und kulinarisch gekonnt zu begeistern.

HOTEL
RESTAURANT

Kirschkörbchen

DESSERT FÜR 4 PERSONEN
ZUBEREITUNGS- UND KOCHZEIT 2 STUNDEN

ZUTATEN

250 g dunkle Schokolade
Kirschparfait
½ Liter Sahne
5 Eigelb
50 g Zucker
Kirschwasser
24 eingelegte Sauerkirschen (in Likör)

Eine mit Wasser gefüllte Tasse einfrieren.

Geschmolzene Schokolade mit einem Löffel rund um die gefrorene Tasse laufen lassen, um ein Körbchen „aufzukritzeln". Die fest gewordene Schokolade sofort lösen.

Mit einem Spritzbeutel kann man auch einen Schokoladenhenkel für das Körbchen herstellen. Auf Trennfolie anfertigen, ein paar Schokoladensplitter darüber machen sich gut.

Die Sahne schlagen, die Eigelb mit dem Zucker schlagen, beides mischen und das Kirschwasser einrühren. Die Schokoladenkörbchen mit der Mischung füllen und ins Gefrierfach stellen. Henkelchen anbringen. Mit den Kirschen und Schokoladensplittern garnieren.

„Ein Gast hat einmal gesagt, wir würden uns am Ende der Welt befinden, was ja auch ein bisschen stimmt. Unablässig haben wir mit unserer feinen Küche und dem Hotel Werbung gemacht. Eines Tages war auch einmal ein Journalist des »Feinschmeckers« da, der seinen Artikel mit dem Titel bedacht hat: Ich will nicht mehr weitergehen. Das war der Durchbruch für uns, seitdem kamen deutsche Gäste, die so besondere Gerichte lieben wie dieses Kirsch-Dessert. Es soll an die Schwarzwälder Kirschtorte erinnern."
Frédéric Kempf

Hummer, Kalbsfußknusper mit Foie-Gras

HAUPTGERICHT FÜR 4 PERSONEN
ZUBEREITUNGS- UND KOCHZEIT 9 STUNDEN

ZUTATEN

2 Kalbsfüße
100 g Foie-Gras von der Ente (fertige Terrine)
2 Hummer
Mehl
2 Eier
300 g feines Paniermehl
1 Karotte
½ Sellerieknolle
1 Stange Lauch

SAUCE
Die Hummerkarkassen
1 kleine Dose Tomatenmark
Gemischte Kräuter
150 ml Cognac
¼ Liter Rotwein
2 Zwiebeln
50 g Butter
Olivenöl
Salz und Pfeffer

ZUBEREITUNG HUMMER, KALBSFUSSKNUSPER

Die Kalbsfüße 3 Stunden in stark gesalzenem Wasser kochen. Entbeinen und in kleine Stücke schneiden. Die Foie-Gras dazugeben und sorgfältig mischen.

Eine Klarsichtfolie auf der Arbeitsplatte ausbreiten und die Kalbsfuß-Foie-Gras-Mischung in die Mitte legen. Mit der Folie umwickeln und zu 4 gleichmäßigen Rollen formen. 3 Stunden im Kühlschrank aufbewahren.

Die Rollen herausnehmen, Folie entfernen. In dieser Reihenfolge panieren: zuerst im Mehl, dann im geschlagenen Ei, zuletzt im Paniermehl wenden. Den Vorgang einmal wiederholen.

Die Hummer 5 Minuten in kochendes Salzwasser tauchen. Abkühlen. Schale aufbrechen und entfernen.

ZUBEREITUNG SAUCE

Die Karkassen und Hummerköpfe zerstampfen und mit den Zwiebeln in etwas Öl andünsten. Das Tomatenmark beifügen und bei sanfter Hitze karamellisieren lassen. Mit Cognac und Rotwein ablöschen, danach mit Wasser angießen. Die Kräuter dazugeben, abschmecken. Bei mäßiger Hitze 1 ½ Stunden garen.

Den Bratensaft passieren und zur Hälfte reduzieren. Mit Butter aufschlagen.

Das Gemüse klein schneiden und in der Pfanne so andünsten, dass es noch knackig bleibt.

Die panierten Kalbsfußröllchen 3 Minuten bei 185 °C frittieren. Den Hummer in der Pfanne nur leicht anwärmen, damit er nicht zäh wird. Anrichten.

„In unregelmäßigen Abständen gebe ich seit 2012 ein Magazin heraus, in dem alle meine Rezepte enthalten sind. Ich verschenke es gerne an unsere Gäste, so behalten sie uns in guter Erinnerung und können nach Lust und Laune auch einmal etwas nachkochen, was sie im Clarines d'Argent gegessen haben. Zur Hummerzeit bieten wir ein komplettes Hummergericht an, bei dem dieses elsässisch angehauchte Gericht ein wahrer Renner ist."

Frédéric Kempf

Königlich verwöhnt beim Drei-Könige Les Trois Rois im Drei-Ländereck

Schon im Wort Grand Hôtel schwingt das Wort „grandios" mit. Grandios die Lage am Rhein, die Inneneinrichtung, der Service. Luxus kann so selbstverständlich freundlich daherkommen und genau deshalb überwältigend wirken. Die Drei Könige in Basel strahlen etwas Altehrwürdiges aus, da sie aus biblischer Vorzeit herrühren und ihre Gaben dem darbieten, der einst das Paradies verspricht. Allerdings lösen die Drei Könige in Basel dieses Versprechen nicht erst im Jenseits ein!

Nächste Doppelseite:
Auf fast jeder historischen Abbildung und Postkarte von Basel ist die Schokoladenseite der Jakobs-Stadt mit der Rheinbrücke abgebildet und damit auch immer das Hotel Les Trois Rois. Verkehrsgünstig ideal am Schiffsanleger und am Straßenverkehrsknoten gelegen, bot das Haus mit dem vertrauenerweckenden Namen den Reisenden ein schnell erreichbares Quartier. Heute bestechen andere Faktoren die Wahl eines Hotels. Am Rheinknie endet der Hochrhein und geht in den schiffbaren Oberrhein über – der Rhein ist nicht mehr Grenze zwischen Deutschland und der Schweiz, sondern zwischen Frankreich und Deutschland. Neutral und unabhängig will man auch im Dreiländereck sein und bleiben – und die Drei Könige denken sich ihren Teil.

Seit dem Jahre 1681 wachen die Drei Könige an der Herberge am Basler Blumenrain, da sie auch als Schutzpatrone der Reisenden verehrt werden. Ab 1754 wurden sie auffällig und lebensgroß an der Außenfassade angebracht – sie begleiten das Hotel seit stolzen 260 Jahren unübersehbar bis in die heutige Zeit und repräsentieren die drei Lebensalter und drei Erdteile, nämlich Europa, Afrika und Asien.

Reisende konnten und können das imposante Gebäude mit Terrasse und Balkonen direkt am Rheinufer nicht verfehlen. 1842 wurde der Gasthof abgerissen und nach den Entwürfen des Basler Architekten Amadeus Merian im klassizistischen Stil errichtet. Die jahrhundertelange Tradition des Nobelhotels schien um das Jahr 2000 ihrem Ende entgegenzugehen. In Basel regten sich Proteste, dass man das Hotel nicht aufgeben dürfe, in dem Generationen ihre Familienfeste abhielten und Fasnetveranstaltungen gefeiert wurden – und man am 31. Juli die schönste Aussicht auf das Nationalfeiertags-Feuerwerk hat, da es direkt vor dem Hotel, von einem Rheinschiff aus gezündet wird.

Gezündet hat auch das an Ursula und Thomas Straumann herangetragene Anliegen, sich der ehrwürdigen Drei Könige doch anzunehmen. Familie Straumann, die eine Firma für Medizinaltechnik betreibt, hatte schon erfolgreich in das Hotel Bellevue in Gstaad investiert. Nach dem Kauf widmete sich das Paar ab 2004 voll und ganz dem Umbau des Trois Rois. Die Bauzeit dauerte zwanzig Monate, wobei der Bau geschätzte zehn Millionen Franken kostete, aber wohlgemerkt: pro Monat!

Das Ergebnis auf vier Etagen kann sich mehr als sehen lassen. Das Haus ist außen wie innen denkmalpflegerisch vom Feinsten und detailgetreu renoviert worden. Kein Zimmer gleicht dem anderen – die Motive der ursprünglich aus dem elsässischen Rixheim stammenden Papier- und Stofftapeten wurden als Vorlagen für das neue Dekor verwendet. Kristallgläser, Gemälde, Möbel, alle Einrichtungsgegenstände sind Gaben, die die Drei Könige dem Gast offerieren. Die Tradition gibt sich modern: Heizung und Vorhänge lassen sich über Sensoren regeln, ebenso wie die Bestellung einer Zigarre im Salon du Cigare … Krönung ist jedoch die 240 m² große Suite im Dachgeschoss mit einem außen installierten Whirlpool. Da das Haus sich mit einem Gefälle von fünfzehn Zentimeter zum Rhein neigte, wurde es mit siebzig Pfählen unterbaut, doch lässt sich die Neigung an den herrlich schiefen Treppenstufen immer noch ablesen.

Gut viertausend prominente Gäste haben in einem der heute 101 Zimmer logiert, von Voltaire bis Sartre, von Goethe bis Rilke, von Marc Chagall bis Picasso, von Wagner bis zu den Rolling Stones reicht die illustre Reihe. In der politischen Landschaft des Dreiländerecks zwischen Deutschland und Frankreich, aber in der neutralen Schweiz gelegen, wurde das Haus oft auch Aufenthaltsort und Treffpunkt politischer Prominenz. Kaiser Joseph II. (1756-1790) kam 1777 unter einem Decknamen; Napoleon zum ersten Business-Lunch, den Basler Bürger für ihn ausrichteten, ins heutige Zimmer 119, das zur Erinnerung ein Bild der Insel Elba ziert; Theodor Herzl bereitete hier die Gründung eines jüdischen Staates vor. Auch Dauergäste beherbergte das Hotel: So logierte hier der Textilindustrielle Fritz Schlumpf, da er vom Hotel aus einen Blick auf sein geliebtes Elsass werfen konnte; oder Moritz Suter, der Begründer der Crossair, die den Flughafen Basel-Mulhouse-Freiburg als Basis nutzte.

Seit Anbeginn, also seit über zehn Jahren, führt die Elsass-Schweizerin Caroline Jenny das Marketing. Die „Mitarbeitenden" kommen aus zwanzig Nationen. International aufgestellt ist auch die Küchenbrigade. Im Gourmetrestaurant Cheval Blanc, das 750 Weine vorhält und benannt ist nach dem Lieblingsweingut der Straumanns, hat sich der gebürtige Niederbayer Peter Knogel einen dritten Stern erkocht. Im Restaurant Chez Donati wird die Gourmetküche italienisch ausgerichtet und in der Brasserie bietet der junge Küchenchef Javier Brisotto Schweizer und französische Brasserie-Spezialitäten.

Das Fünf-Sterne-Hotel empfängt Gäste der Kreuzfahrtschiffe, Kunstliebhaber aus aller Welt, die Ausstellungen in der Fondation Beyeler, im Weiler Vitra-Design-Museum oder im Automobilmuseum mit der Schlumpfschen Bugatti-Sammlung in Mulhouse besuchen – oder Geschäftsleute zur Art Basel oder zu Terminen in die unübersehbar wachsende Novartis-City. Der am 10. Mai 1760 in Basel geborene alemannische Dichter Johann Peter Hebel sagte einmal, Basel sei „das irdische Bild des himmlischen Jerusalem". Er hatte Recht, denn heute noch weisen die Drei Könige den richtigen Weg.

LES TROIS ROIS

Variation von Steinpilzen mit altem Balsamico

VORSPEISE FÜR 4 PERSONEN
VORBEREITUNGS- UND KOCHZEIT 6 STUNDEN

ZUTATEN

GEGRILLTE STEINPILZE
12 kleine Steinpilze
1 Thymianzweig
1 Rosmarinzweig
1 Knoblauchzehe
40 ml Olivenöl
20 ml alter Balsamicoessig (mindestens 5 Jahre)
4 Esslöffel brauner Kalbsfond
Salz
Pfeffer

ROH MARINIERTE STEINPILZE
8 Steinpilze
20 ml alter Balsamicoessig
10 ml Olivenöl
10 ml Traubenkernöl
10 ml Walnussöl
Salz
Pfeffer
Gehackte Petersilie

STEINPILZ-TERRINE
300 ml Tomatenwasser
20 ml Sherry-Essig
400 g gebratene Steinpilze
6 Blatt Gelatine
Olivenöl
Salz
Pfeffer

STEINPILZ-MAYONNAISE
250 g Champignons
250 g Steinpilze
3 Schalotten
1 Messerspitze Haco Weiß
1 Messerspitze Xanthan
1 Messerspitze Steinpilzpulver
Salz
Pfeffer

Die zwölf kleinen Steinpilze gründlich putzen, unter fließendem kaltem Wasser kurz waschen und mit Küchenpapier abtrocknen. Olivenöl in einer Grillpfanne erhitzen, Pilze und Kräuter hinzufügen und anschließend im Ofen bei 180 °C 5 Minuten garen. Mit Balsamico-Essig und Kalbsfond ablöschen und auf die Hälfte reduzieren lassen.

Die acht geputzten roh marinierten Steinpilze in dünne Scheiben schneiden und auf einem Teller anrichten. Mit Salz und Pfeffer würzen. Mit den restlichen Zutaten eine Vinaigrette anrühren und die Pilze damit marinieren.

Die Steinpilze für die Terrine wie oben beschrieben putzen, waschen und anschließend in Würfel schneiden. Olivenöl in einer Pfanne erhitzen und die Pilze eineinhalb Minuten braten. Mit Salz und Pfeffer würzen.

Das Tomatenwasser mit Sherry-Essig vermischen, kurz erwärmen und den Fond mit der im kalten Wasser eingeweichten Gelatine mischen und würzen.

Die Pilze mit dem Tomaten-Essigfond vermengen und in die Terrinen-Form füllen. Die Terrine mit Klarsichtfolie abdecken, beschweren und kaltstellen.

Für die Mayonnaise die Pilze und Schalotten klein schneiden und farblos anbraten. Haco Weiß dazugeben und vakuumieren. Für 4 Stunden bei 80 °C im Wasserbad garen. Anschließend auf einem Sieb abtropfen lassen und im Thermomix mixen. Mit Salz, Pfeffer und Steinpilzpulver abschmecken und mit Xanthan abbinden.

Die Terrine in 1 cm breite Scheiben schneiden und auf Tellern anrichten. Die roh marinierten Steinpilze, die gegrillten Steinpilze und die Steinpilz-Mayonnaise auf jeweils einem Teller nebeneinander anrichten. Ein paar Tröpfchen Balsamico-Essig dazu, mit Salatblättern und Kräutern garnieren.

„Im Schwarzwald wie in den Vogesen wächst eine Vielzahl von Pilzen. Der Steinpilz gehört dabei zu den Pilzen, die man gerne sammelt. Die Rezepte reichen von der einfachen Variante, bei der man die Pilze mit Zwiebeln in der Pfanne in Butter schwenkt, bis zu meiner Kreation, in der der Steinpilz sein Aroma voll entfalten kann.“
Javier Brisotto

Gebratene Perlhuhnbrust mit Purple-Curry-Kruste, Haselnuss-Petersilien-Spätzle und Rote Bete

HAUPTGERICHT FÜR 4 PERSONEN
VORBEREITUNGS- UND KOCHZEIT 7 ½ STUNDEN

ZUTATEN

4 x Perlhuhnbrust
Curry-Öl
Salz und Pfeffer

PURPLE-CURRY-KRUSTE
50 g Butter
50 g Nussbutter
20 g Purple Curry
Mie de Pain
20 g Rote-Bete-Granulat
80 g getrocknetes Honigbrot
20 g Nam Prik

CURRYSAUCE
1 Esslöffel Schalotten-Brunoise
1 Teelöffel Purple Curry
30 ml Himbeeressig
200 ml roter Banyuls
250 ml Traubensaft
250 ml Rote-Bete-Saft
500 ml Perlhuhnjus
Etwas Butter

ROTE-BETE-CREME
1,5 kg Rote Bete
7 g Agar-Agar
20 g Rote-Bete-Granulat
20 ml Himbeeressig
250 ml Rote-Bete-Saft
Haselnussöl

EINGELEGTE ROTE BETE
8 Scheiben gekochte Rote Bete
250 ml Rote-Bete-Saft
75 ml Sherryessig
75 ml roter Portwein
100 ml Haselnussöl
1 Messerspitze Xanthan
20 g Rote-Bete-Granulat
Salz, Pfeffer und Zucker

TEIG
500 g Spätzlemehl
500 ml Eigelb
5 ganze Eier
Salz, Pfeffer, Muskatnuss

NUSSBUTTER
Gehackte Haselnüsse
Gehackte Petersilie

Die Perlhuhnbrust-Filets im Bratöl kurz anbraten und im Ofen bei 160 °C 5 Minuten garen, anschließend 10 Minuten an einem warmen Ort ruhen lassen.

Butter und Nussbutter in einem Topf schmelzen lassen. Purple Curry, Mie de Pain, das zerbröselte Honigbrot, Rote-Bete-Granulat und Nam Prik dazugeben. Mit Salz abschmecken und warm stellen.

Schalotten und Knoblauch in etwas Butter anschwitzen, mit Purple Curry bestäuben und mit Himbeeressig ablöschen, Banyuls dazugeben und sirupartig einkochen lassen. Anschließend mit Perlhuhnjus auffüllen, auf die Hälfte reduzieren und durch ein Mikrosieb passieren. Eventuell mit Salz abschmecken und mit etwas Kartoffelstärke leicht binden.

Rote Bete waschen, auf ein Blech mit Salz geben und bei 160 °C im Ofen 5 Stunden garen. Die weiche Bete schälen und im Thermomix fein pürieren. Die restlichen Zutaten hinzufügen, mixen und abschmecken. Das Agar-Agar zugeben, nochmals aufkochen und kühlen.

Gekochte Rote Bete mit Hilfe eines Ausstechers in runde Scheiben schneiden. Mit den restlichen Zutaten eine Vinaigrette herstellen und die Scheiben mehrere Stunden damit marinieren.

Das Mehl mit Eiern, Salz, Muskatnuss und Pfeffer verkneten, bis der Teig Blasen wirft. Salzwasser zum Kochen bringen. Den Spätzlehobel in das Wasser tauchen, Teig einfüllen und die Spätzle ins Wasser hobeln. Einmal aufkochen lassen, herausnehmen und in zerlassener Butter mit gehackten Haselnüssen und gehackter Petersilie wenden.

Die Perlhuhnbrust kurz mit Butter und Kräutern begießen. Mit Salz und Pfeffer würzen und mit der Kruste in den Backofen zum Schmelzen stellen und anrichten.

„Ein schönes Perlhuhn aus Frankreich, Spätzle aus dem Badischen und Rote Bete aus der Schweiz, fertig ist das Dreiländermenü aus dem Les Trois Rois – Drei Könige!“
Javier Brisotto

Douce – ein Name und mehr als ein kulinarisches Programm

In der Atmosphäre eines Wohnzimmers gelangen im Sulzburger Hirschen die Kreationen auf den Tisch, die Deutschlands beste Köchin Douce Steiner zubereitet. Geradeheraus, selbstbewusst und mit eigener Handschrift!

Um die Geschichte von Douce Steiner erzählen zu können, die sich seit 2012 zwei Michelin-Sterne im Sulzburger Hirschen erkocht hat und damit Deutschlands am höchsten ausgezeichnete Köchin ist, muss man mit der Geschichte ihrer Eltern beginnen. Hans-Paul Steiner kommt 1942 in Stuttgart auf die Welt und legt nach der Realschule eine Lehre im Ratskeller in Freudenstadt ab, das in den letzten Kriegstagen von französischen Truppen stark zerstört wurde. Legendärer Küchenchef war Ernst Kerschbaumer, der noch bei der Küchenlegende Auguste Escoffier gearbeitet hatte – die französische Kochkunst sollte den begabten Hans-Paul nicht mehr loslassen.

Stationen in der Schweiz (Beau Séjour in Châteaux d'Oex, Hotel Metropol in Basel) und in London (Hilton) folgten. Mit kargem Lohn ausgestattet, lernte er fleißig Englisch und besuchte Kunstmuseen wie die Tate Galerie, die keinen Eintritt kosteten. Sein Kunstinteresse war geweckt und später ist es ihm eine große Genugtuung und Freude, wenn er eines seiner von ihm gesammelten Bilder zeigen kann. Nach dem Aufenthalt in London lockte es ihn nach Frankreich, das kulinarische Zentrum, ins Hôtel Lancaster (Paris), ein lebensentscheidender Aufenthalt. Er lernte Französisch und die in der Modebranche tätige Claude aus Lothringen kennen. Schon nach kurzer Bekanntschaft wurde in Paris Hochzeit gefeiert.

Gemeinsam bewarben sie sich in die Schweiz, ins Hotel Kurhaus Passugg in Graubünden, wo sich Claude das nötige Gastronomie-Wissen aneignete. Dann wagten sie den Schritt in die Selbständigkeit in Stuttgart – ein Experiment, was aber nicht gelang, da sich das schwäbische Publikum (noch) nicht für die französische Küche interessierte und lieber die bekannten Maultaschen bestellte. Nach Stationen als Küchenchef in der dortigen Traube und im Hotel Schlossgarten gelangten sie auf der Suche nach einem für sie passenden Betrieb 1979 nach Sulzburg. Er in der Küche und sie im Service führten den Hirschen nachdrücklich zum Erfolg. Über dem wohnzimmergroßen Restaurant mit dem kleinen Hotel funkelten ab 1981 ein und von 1995 bis 2008 zwei Michelin-Sterne.

Sulzburg ist ein vom badischen Landjudentum geprägtes Städtchen, in dem sich seit dem Mittelalter auch ein jüdischer Friedhof befindet. 1822 wurde eine Synagoge errichtet, die in den 1980er Jahren restauriert werden konnte und heute als Veranstaltungsraum dient. Die jüdische Bevölkerung Sulzburgs, die damals fast ein Drittel ausmachte, wurde 1940 in das Internierungslager Gurs in Frankreich deportiert und kam dort oder in Vernichtungslagern ums Leben. In Sichtweite des Hirschen befindet sich das baden-württembergische Landesbergbaumuseum, da im Ort Silberbergbau betrieben wurde. Der Frühromanik wird die ehemalige Klosterkirche St. Cyriak, die 993 geweiht wurde, zugerechnet. In einem Opferstock wurde einst ein Zettel gefunden, der die Aufschrift trug: „Lieber Gott, mach, dass der Steiner hundert wird."

Dieser fromme Wunsch mag in Erfüllung gehen, denn mit der Kochkunst geht es im Restaurant Hirschen ungebrochen weiter. Seit 2008 hat die 1971 geborene Douce Steiner den Hirschen von ihren Eltern übernommen. Nach der Kochlehre bei ihrem Vater war ihre nächste Station bei Georges Blanc in Vonnas und bei Fritz Schilling in den Schweizer Stuben in Wertheim. In der Traube in Tonbach bei Harald Wohlfahrt lernte sie ihren Mann Udo Weiler kennen, beide besuchten anschließend die Hotelfachschule in Heidelberg.

Mit mehreren Buchveröffentlichungen (*Unsere verrückte Gemüsewelt*, *Meine leichte Küche*) lässt sie an ihrer perfekten und doch einfach nachzukochenden Küchenkunst teilhaben. Mit ihrem Vornamen Douce liegt es nahe, dass sie sich auch einmal der „süßen" Küche und damit den Desserts zuwendet. Ihr Buch fasziniert durch seine raffiniert aussehenden Kreationen, die der Fotograf Michael Wissing appetitanregend ins Bild setzte. Die Rezepte führen ohne Schwierigkeiten zum wohlschmeckenden Ziel und zu begeisterten Ausrufen. Man kann Douce Steiner ohne Zögern zustimmen, wenn sie dort schreibt: „Die unwiderstehlichen süßen Sachen haben mich schon in der Kindheit begeistert (...). Oft machen wir mit ihnen die ersten Erfahrungen, dürfen den Eltern beim Zubereiten helfen und sind davon fasziniert. So zumindest ist es mir ergangen und ich erinnere mich immer wieder sehr gerne daran, wenn ich heute mit meiner Tochter Justine in der Küche stehe. (...) Viele dieser Zubereitungen sind so einfach und reduziert, es braucht oft nicht viel – und bedeutet doch puren Genuss." Sicher liegt in der Reduktion auf das Wesentliche gerade das Geheimnis der Kochkunst von Douce Steiner.

GRANDE RESERVA

Estragoneis auf Fenchelfond mit Erdbeeren

DESSERT FÜR 4 PERSONEN
ZUBEREITUNGS- UND KOCHZEIT 30 MINUTEN

ZUTATEN

ESTRAGONEIS
500 g Sauerrahm
160 g Zucker
Saft von 1 Zitrone
1 Bund Estragon (nur die Blätter)
2 Blatt Gelatine in kaltem Wasser eingeweicht und in etwas warmem Wasser aufgelöst

FENCHELSAUCE
2 Fenchel in kleine Würfel geschnitten
1 Esslöffel Olivenöl
6 cl Pastis
½ Liter Orangensaft
150 g Zucker
1 Teelöffel Mondamin, angerührt in Wasser
Fenchelgrün separat, fein geschnitten

ERDBEEREN
500 g Erdbeeren

ZUBEREITUNG ESTRAGONEIS

Alle Zutaten miteinander in einem Mixer (Thermomix) fein mixen und in einer Eismaschine zu Eis drehen.

ZUBEREITUNG FENCHELSAUCE

Den Fenchel im Olivenöl anschwitzen. Mit dem Pastis ablöschen. Orangensaft und Zucker hinzugeben und solange köcheln, bis der Fenchel gar ist. Mixen, durch ein Sieb passieren. Wieder aufkochen und mit dem Mondamin etwas abbinden. Kaltrühren und das Fenchelgrün daruntergeben.

ZUBEREITUNG ERDBEEREN

Die Erdbeeren ohne Strunk mit etwas Puderzucker marinieren und nicht in den Kühlschrank stellen. Sie entfalten ein schöneres Aroma, wenn sie nicht eiskalt aus dem Kühlschrank kommen. Im Übrigen ist das mit jedem Obst so!

Fenchelsauce in den Teller geben, Erdbeeren und Estragoneis daraufgeben, servieren.

„Das Rezept ist etwas ganz Besonderes und durch nichts zu ersetzen, vor allem nicht an schönen warmen Frühlingstagen, wenn bei uns im Markgräflerland schon der Spargel wächst und die ersten Erdbeeren reif sind. Zusammen mit dem Anis-Geschmack des Pastis vermählen sich so südfranzösische und südbadische Geschmackskomponenten."

Douce Steiner

La Ratte-Kartoffeltörtchen mit Kaviar

VORSPEISE FÜR 4 PERSONEN
VORBEREITUNGS- UND KOCHZEIT 30 MINUTEN

ZUTATEN

10 La Ratte-Kartoffeln (im warmen Zustand als Pellkartoffeln)
1 Prise Meersalz und Kümmel
3 Esslöffel Butter weich
1 Esslöffel fein geschnittener Schnittlauch
8 Esslöffel Sauerrahm
Saft und Zeste von 1 Limette
40 g Kaviar
Salz

Die Kartoffeln im Wasser mit Meersalz und Kümmel gar kochen. Anschließend die Kartoffeln pellen und mit einer Gabel und der Butter zerdrücken. Mit Salz und Pfeffer würzen. Schnittlauch hinzugeben und das Ganze in 4 Ringe drücken. Darauf pro Ring etwa 10 g Kaviar legen und den Ring entfernen.

Sauerrahm, Salz, Limettenzeste und Saft zu einer Sauce verrühren und pro Teller 2 Esslöffel in der Mitte verteilen. Das Kartoffeltörtchen daraufsetzen.

„Am besten genießt man das Kartoffeltörtchen mit einem Glas Champagner. Meine deutsch-französische Herkunft lässt sich halt nicht verleugnen und wurde durch meine Wanderjahre als Köchin in Frankreich und besonders bei Georges Blanc in Vonnas geprägt. Meine Eltern haben mich von klein auf am Leben im Hirschen teilhaben lassen und diese Mischung war das Sprungbrett zu meiner eigenen Kochkarriere.“
Douce Steiner

Klöster waren ab dem 6. Jahrhundert Vorreiter für die Urbarmachung und Besiedlung des Schwarzwaldes, allerdings machten sie die Bewohner damit zu leibeigenen Untertanen. Der iroschottische Mönch Trudpert gründete 643 eine Einsiedelei, in der er von Knechten des Grafen Otbert aus dem Elsass erschlagen wurde. Das Kloster St. Gallen gründete später ein Benediktinerkloster, die wuchtige Kirche wurde vom Barockbaumeister Peter Thumb ab 1709 erbaut. Nach dem Ersten Weltkrieg bezogen „Schwestern vom heiligen Josef“ aus dem Elsass das Kloster Sankt Trudpert.

„Manche mögen es Wild“ Wuffel Fuchs und Tomi Ungerer

Hansjörg Fuchs ist ein Multitalent, mit dem man ausgiebig und mit viel Humor übers Kochen, Jagen, Käsemachen, Kohlenstoff-Stahlmesser, Rinderhaltung, Wein, Politik, Fleischkonsum und Sojamilch diskutieren kann. Das lieben wohl auch seine Gäste, die im Spielweg unterschieds- und standeslos alle die gleiche Aufmerksamkeit genießen dürfen. Obwohl das Münstertal hinten hinauf recht eng wird, ist der Horizont von Hansjörg Fuchs weit. Entdeckerlustig sagt er: „Ich verreise nie ohne Vesperbrettle und Messer.“

Das Münstertal im Schwarzwald ist im frühen Mittelalter wegen seiner Silberbergwerker zu einer beachtlichen Bedeutung gekommen. Der mächtige Bau der Klosterkirche St. Trudpert liegt kurz vor dem Hotel Spielweg, das für viele Gäste ebenfalls zu einem Wallfahrtsort geworden ist. Ab 1705 hat der Abt des Klosters dem Gebäude das Recht erteilt, eine Gastwirtschaft zu führen, lange Jahre waren wahlweise eine Landwirtschaft, eine Bäckerei, ein Holzhandel, eine Metzgerei, ein Mehlhandel, eine Poststation, dann eine Tankstelle Teil des Spielwegs.

Seit 1861 ist das Spielweg im Besitz der Familie Fuchs. Einen richtigen Aufschwung durch Um- und Anbauten erlebte das Haus nach 1945 mit Frieda Burgert, einer verwitweten Fuchs, und ihrem Sohn Hansjörg Fuchs und seiner Frau Josefine. Karl Josef Fuchs führt das Haus, zusammen mit seiner Frau Sabine, nun seit 2003 und in der fünften Generation. Die sechste Generation, die beiden Töchter Kristin und Viktoria, haben durch ihre Ausbildungswege die Grundlage für eine eventuelle Übernahme gelegt.

Fuchs lernte bis 1980 Koch bei Franz Keller junior und Annibal Strubinger im Schwarzen Adler mit einem Michelin-Stern in Oberbergen, „das war damals ganz großes Kino“, blickt er zurück. Le Canard in Hamburg und die Schweizer Stuben in Wertheim-Bettingen sind weitere Stationen. Doch Fuchs schätzt das Ursprüngliche: „Ohne Vesperbrettle und Messer verreise ich nie!“

Seit 1986 ist er wieder im heimischen Schwarzwälder Münstertal tätig, das mit dem elsässischen die Käseproduktion gemeinsam hat. Im elsässischen Munster stellt man den gleichnamigen Munsterkäse seit langer Zeit und in großen Mengen her – im Münstertal hat Karl-Josef Fuchs die Tradition des Käsemachens erst 1995 wieder aufleben lassen. Ein Jagdfreund brachte ihn bei einem Ausflug im Kleinwalsertal, als sie einen dort gekauften Käse verzehrten, auf diese Idee.

Die Milch stammt von Hinterwälder Rindern – schwierig waren die Anfangsjahre in der eigenen Käserei und dem Reiferaum, denn die Milch musste in geeichten Milchkannen von den Kühen des Drehbachhofs der Familie Scherer bis zur Käseküche transportiert werden, worauf der Zoll ein Auge hatte. Doch dann entstanden nach und nach ein Frischkäse, ein Hartkäse, ein Bergkäse und auch eine Art Munsterkäse, die begeisterten Absatz finden. Fuchs ist Purist: „Zu einem guten Käse muss nichts dazu, keine Zwiebel nichts – nur ein toller Rotwein und ein gutes Brot!“

In der Küche gilt die Vorliebe des passionierten Jägers Karl-Josef Fuchs eindeutig der Zubereitung von Wildgerichten. „Beim erlegten Wild wird von der Nase bis zum Schwanz alles verschafft. Eine Spezialität stellen die Gämsen mit ihrem dunkleren Fleisch dar, die nach dem Zweiten Weltkrieg im Schwarzwald praktisch ausgerottet waren. 1956 wurden elf Gämsen aus den Vogesen im Zastlertal ausgewildert, die mit Tieren aus Savoyen die genetische Basis aller Gämsen im Schwarzwald bilden. Eine treue Leserschar folgt seinen Kolumnen in Jagdmagazinen, drei Wildkochbücher hat er bisher veröffentlicht und im Spielweg bietet er auch Kurse an. Der bullige, aber urgemütliche Karl-Josef darf dann nach einer Weile auch mit seinem Spitznamen Wuffel angesprochen werden, der daher kommt, dass sein kleiner Bruder seinen richtigen Namen nicht aussprechen konnte, sondern eben „Wuffel“ zu ihm sagte.

Und noch ein berühmter Gast hat den Weg aus dem Elsass zur Familie Fuchs gefunden. Vor gut zwanzig Jahren suchte der Zeichner Tomi Ungerer einen Ort, um sich von einer Operation zu erholen. Freunde im Elsass rieten ihm zum Spielweg – aus dem „normalen“ Gast wurde ein Freund mit Familienanschluss. Karl-Josef Fuchs und Tomi Ungerer sind aus demselben Holz geschnitzt, geradeheraus und originell vertreten sie ihre Meinung – ob der Gast nun Gerhard Schröder oder Wladimir Putin heißen mag. Ungerer schrieb im Vorwort zu seinem Buch *Hallali – Waidmanns Last & Lust*, das der Familie Fuchs gewidmet ist: „… im Spielweg habe ich endlich mein Paradies auf Erden (und im Wald) gefunden.“

Ungerer kreierte die Käseteller des Spielwegs, auf denen ein listiger Fuchs eine Kuh melkt (siehe Seite 132). Im Restaurant gibt es eine Ungerer-Stube, die gänzlich mit Originalen des Künstlers ausgestaltet ist. Wenn Tomi Ungerer, der auch seine Geburtstage regelmäßig hier feiert, zu Gast ist, nimmt er seine Mahlzeiten zusammen mit den Mitarbeitern und der Familie hinter der Holzwand in der Alten Stube ein. Seine Gäste dürfen in diesem Allerheiligsten manchmal auch Platz nehmen, der begnadete Alleinunterhalter hält dort kurzweilig Hof und zwar in Deutsch, Englisch, Französisch und Elsässisch.

„Alles KÄSE, von wegen – es ist für mich immer wieder ein Erlebnis, die französische Käsevielfalt zu erleben. Man macht dort z. B. einen Käse aus Kuhmilch und hat je nach Region eine eigene Käsespezialität, die in jeder Region ganz anders schmeckt. Unterschiedlich sind die Milchkuhrassen, das Futter, das die Tiere bekommen, aber ansonsten läuft der Prozess in sieben Schritten überall gleich ab. Die Reifung und die Reifezeit, das Kleinklima und die Hand des Käsers lassen dann aus der Milch ein natürliches und schmackhaftes Produkt entstehen!“, sagt Karl-Josef Fuchs.

Gasthof Spielweg

KAESEREI

Münstertäler Gamsrückenterrine

Vorspeise für 10 Personen
Vorbereitungs- und Kochzeit 15 Stunden

Zutaten

Gamsrücken
Ca. 20 cm langer ausgelöster Gamsrückenstrang
250 ml Wildconsommé (siehe Grundrezept, gut gewürzt)
300 ml Wildfond (siehe Grundrezept, gut gewürzt)
150 g Pfifferlinge oder Gemüsewürfel, je nach Saison (in Butter angeschwenkt)
200 g geschlagene Sahne
11 Blatt Gelatine
3 Esslöffel gehackte Kräuter
20 cm lange „Dachrinnen"-Terrinenform, Durchmesser ca. 8 cm

Wildbrühe für die Consommé
Dieser Ansatz wird nur dann wirklich gut, wenn eine möglichst große Menge (ab 5 kg Wildknochen) verarbeitet wird. Die Knochen und das Fleisch dürfen auf keinen Fall Schussverletzungen (Hämatome) enthalten.
5 kg Wildknochen und Fleischreste, klein gehackt
800 g gemischtes Wurzelgemüse
2 große Zwiebeln
Kräuterstängel
Lorbeerblatt
Pfefferkörner
Nelken
Wacholderbeeren
Senfkörner

Wildconsommé
5 Liter Wildbrühe
1 kg Wildhackfleisch
150 g Karotten
200 g Lauch
50 g Petersilie
3 Eiweiß
1 Esslöffel Tomatenmark

Wildfond
5 kg Wildknochen und Fleischreste (klein gehackt)
5 Esslöffel Tomatenmark
10 Lorbeerblätter
5 Nelken
20 Wacholderbeeren
Petersilienstängel
3 Knoblauchzehen
2 Liter Rotwein
1 kg gemischtes Wurzelgemüse (Röstgemüse) in kleine Würfel: Zwiebeln, Sellerie, Karotte, Lauch

Zubereitung Gamsrücken

Der Gamsrückenstrang wird in einer Pfanne von beiden Seiten gut angebraten und im Ofen ca. 30 Minuten rosa gebraten (Kerntemparatur 58 °C). Auf einem Gitter kalt werden lassen.

Zubereitung Terrine

Die Terrinenform wird mit Klarsichtfolie ausgeschlagen. Dem lauwarmen Wildfond 6 Blatt Gelatine, die vorher im kalten Wasser eingeweicht worden ist, zugeben und in einer Schüssel auf Eis kalt rühren. Wenn der Fond zu stocken beginnt, die geschlagene Sahne unterheben.

Die Unterseite (das U der Form) der Terrinenform mit zwei Dritteln des Wildmousses ca. 2 cm dick unter Zuhilfenahme eines Spritzbeutels auskleiden und kalt stellen.

Die lauwarme Wildconsommé wird mit den restlichen 5 Blatt Gelatine und den Pfifferlingen ebenfalls, wie oben, kalt gerührt. Wenn die Consommé stockt, die Hälfte davon in die Terrinenform füllen, das Gamsrückenfilet in die Mitte legen und mit dem Rest der gelierten Consommé bedecken. Wiederum kurz kalt stellen.

Das restliche Drittel des Wildmousses nochmals gut durchrühren und die Terrine damit bedecken.

Die Gamsrückenterrine mindestens 12 Stunden im Kühlschrank durchkühlen lassen.

Vorsichtig stürzen: Sie lässt sich nur mit dem Elektromesser schneiden.

Zubereitung Wildbrühe

Die Zwiebeln halbieren und auf Alufolie die Schnittfläche auf der Herdplatte 2-3 mm sehr dunkel bräunen: Das gibt der Suppe eine schöne Bernstein-Farbe!

Zuerst werden die Knochen in kochendem Wasser blanchiert, herausgenommen und abgewaschen. Alle kleinen Eiweißteilchen, die die Consommé trüb machen können, werden so entfernt.

Die Knochen gut bedeckt in kaltem Wasser aufsetzen. Das Wurzelgemüse und die Zwiebeln sowie eine Prise Salz zugeben. Die Brühe sollte sich langsam erwärmen, und wenn sich an der Oberfläche Schaum bildet, diesen nicht gleich abschöpfen (der Schaum ist gestocktes Eiweiß und fängt die Trübstoffe in der kochenden Brühe auf). Diese sollte mindestens 2 ¼ Stunden langsam köcheln, denn nur dann geben die Knochen den Geschmack in die Brühe ab.

Normalerweise ist die Brühe nach dem Kochen klar. Sie wird durch ein Passiertuch oder Kaffeefilter abpassiert. Je nach Geschmack muss man diese noch einreduzieren lassen. Die Brühe kann problemlos in kleinen Mengen eingefroren werden.

Zubereitung Wildconsommé

Das Eiweiß wird in einem Topf mit dem Schneebesen kurz angeschlagen, mit dem Tomatenmark und dann mit den restlichen Zutaten, die alle durch die mittlere Scheibe des Fleischwolfes gedreht wurden, verrührt.

Nun wird die kalte Wildbrühe zugegeben, kräftig verrührt und zum Kochen gebracht. Bis zum Siedepunkt muss stets langsam und vorsichtig umgerührt werden, damit sich das Eiweiß nicht festsetzt und anbrennen kann.

Sobald die Brühe aufgekocht ist, die Hitze reduzieren und langsam weiter köcheln lassen. Die Trübstoffe werden nun im gestockten Eiweiß aufgefangen. 30 Minuten weiterköcheln lassen, danach vorsichtig mit einem Passiertuch die Consommé durchseihen.

Zubereitung Wildfond

Die Knochen werden in einem großen Bräter angebraten. Wenn die Knochen gut gebräunt sind, das Röstgemüse zugeben. Nach ca. 10 min das Tomatenmark gut angehen lassen und mit 1 Liter Rotwein ablöschen. Wenn der Rotwein verdunstet ist, nochmals gut anbraten lassen und mit dem weiteren Liter Rotwein ablöschen.

Die Gewürze zugeben. Mit so viel Wasser auffüllen, dass die Knochen gut bedeckt sind, und mindestens 3 Stunden köcheln lassen.

Den Fond mit den Knochen auskühlen lassen, damit das enthaltene Kollagen (Gelatine) aus den Knochen in den Fond übergegangen ist. Passieren, kaltstellen und das gestockte Fett an der Oberfläche entfernen.

„Seit 1900 gehört zum Spielweg eine Jagd- und Fischereigerechtigkeit, die über Generationen genutzt wurde. Ich jage gerne, weil ich mir schon vorstelle, was ich mit dem erlegten Tier alles Gutes zubereiten kann. Oft werde ich auch ins Elsass zu Jagden eingeladen, da gibt es dann mittags immer ein richtiges Menü, dagegen ist unser Jagdessen eine wahre Armenspeisung …"

Karl-Josef Fuchs

Aus der Spielweg Käserei

Spielweg

Vom Montmartre in Paris an die Sonnhalde in Freiburg

Beim Blick auf die Stadt Freiburg, das Rheintal und die Vogesen versteht man, warum das Panorama Hotel seinen Namen zu Recht trägt. Das französische Flair verdankt es seinem Eigner Éric Lassiaille, der vom eleganten Anzugsjackett übergangslos in die Kochjacke schlüpfen kann, um ein fünf- oder siebengängiges Degustationsmenü zuzubereiten. Ihm zur Seite steht eine ständig wachsende Zahl von freundlichen und zuvorkommenden Mitarbeiterinnen und Mitarbeitern, die seine Philosophie teilen.

Unübersehbar thront das geschwungene Panorama Hotel über Freiburgs noblem Villenviertel Herdern. An der Sonnhalde und der Wintererstraße stehen altehrwürdige Häuser, die vor über hundert Jahren begüterte Pensionäre aus Deutschlands nasskaltem Norden im sonnigen Süden erbauen ließen. Der langjährige Oberbürgermeister Winterer bestimmte die städtebauliche Entwicklung der Stadt Freiburg und auch ihr architektonisches Gesicht auf Jahrzehnte, ja bis zu jener Novembernacht 1944, als Freiburg in Schutt und Asche gebombt wurde.

Ausflugs- und Pilgergaststätten um Freiburg herum boten den „Luftschnappern" und den jugendlichen Studenten zahlreiche Ausflugsziele, so auch dem jungen Alfred Döblin. Döblin, der Verfasser des ersten deutschen Großstadtromans *Berlin Alexanderplatz*, war zum Medizinstudium nach Freiburg gekommen und betitelte einen Spaziergang nach St. Ottilien mit „Die Ermordung einer Butterblume". Eine weitere Ausflugsgaststätte war das „Jägerhäusle".

Aufgrund der exponierten Lage über der Stadt Freiburg hatte dort 1945 Generalmajor Bader seinen Befehlsstand zur Verteidigung gegen die aus Norden anrückenden Franzosen eingerichtet. Es ist Philomene Steiger und anderen zu verdanken, dass die Stadt am 21. April 1945 den Franzosen fast kampflos übergeben werden konnte.

Das in die Jahre gekommene Jägerhäusle wurde 1971 abgerissen und machte danach dem großzügigen Panorama Hotel Platz, in dem nun (Ironie der Geschichte) ein Franzose waltet.

Éric Lassiaille ein perfekter und charmanter Gastgeber, wenn es sein muss mit Fliege und vollendet mit einem stilvollen Handkuss für die Dame. „Ein Restaurant und ein Hotel sind wie Bühnen, die bespielt werden müssen – jeder hat (s)eine Rolle, der Mitarbeiter und auch der Gast." Eric Lassiaille füllt diese Rolle mit französisch, südländischem Lebensgefühl und mit durchdachter deutscher Organisation aus. „Die Mischung macht es aus", meint er schmunzelnd.

Das Vier-Sterne-Haus ist dabei nicht irgendeine Etappe auf seinem langen Weg durch Gastronomie und Hotellerie, sondern es ist seit 2008 sein Eigentum. 330 Tage im Jahr geht er seiner Passion nach, Gäste zu betreuen, sie zu verwöhnen. Die Gäste danken es mit einer durchgehend fast neunzigprozentigen Auslastung des Hauses. Die wenigen freien Tage, die er sich nimmt, verbringt er hoch auf den Bergen, um Ski zu fahren, oder tief unter dem Meeresspiegel, um zu tauchen.

Aufgewachsen ist der kleine Éric am Montmartre, war sogar Ministrant in Sacré-Cœur. Mit vierzehn eigentlich noch zu jung, beginnt er in Nizza eine Kochausbildung, danach absolviert er die Hotelfachschule. Pariser Flair und mediterrane Prägung bilden die Grundlage seiner Wanderjahre durch die Häuser großer Ketten, wie Sheraton oder Maritim. Ein Praktikum führt ihn in das Post Hotel nach Mittenwald – mit sechsundzwanzig wird er Hoteldirektor in München. Das Panorama Hotel in Freiburg führt er dann dreizehn Jahre lang (1990 bis 2003) als Direktor.

Der erfolgreiche Éric Lassiaille wird danach in die Konzernleitung der Accor-Gruppe berufen, reist jahrelang in deren Auftrag in viele Länder mit Hotelstandorten. „In sieben Tagen habe ich manchmal sieben Länder besucht, aber ich hatte Lust auf Erfolg." 2008 kommt er nach Freiburg zurück und erwirbt das Panorama Hotel. „Meine letzte berufliche Station wollte ich so einrichten, wie es mir gefällt." Seitdem hat Éric Lassiaille 8,5 Millionen Euro investiert. Alle 86 Zimmer, das Restaurant Chez Éric, die Küche, die Bar-Brasserie, die Banketträume wurden in einem südfranzösischen Stil modernisiert. „Ich wollte ein unkompliziertes Haus mit dem Komfort eines Vier-Sterne-superior-Hauses kombinieren." Und noch etwas fällt ihm auf: „Wenn man in Deutschland Geld hat, legt man es zur Seite, spart es. Wenn man in Frankreich Geld hat, gibt man es aus – das habe ich getan … "

Viel Aufwand erforderten die nicht sichtbaren, aber wirkungsvollen Maßnahmen zur Energieeinsparung, die zusammen mit dem Fraunhofer-Institut entwickelt wurden. Eine ökologische Wärmedämmung, eine Dreifachverglasung und die CO_2-Emissionen ließen sich auf die Hälfte verringern.

Frische ist wohl das Hauptwort in der Küche. Alles wird, soweit wie möglich, selbst hergestellt. Érics Nudeln sind viel gerühmt. Als er als Eigentümer und Geschäftsführer das Haus übernommen hatte, zählte die Belegschaft zweiundfünfzig Personen, Ziel ist es, die Zahl der Mitarbeiter auf hundertachtzig zu erhöhen, um den Gästen einen rundum verwöhnten Aufenthalt zu bieten. Großen Wert legt Éric Lassiaille dabei darauf, dass es den Mitarbeiterinnen und Mitarbeitern gut geht. Die Personalumkleideräume sind identisch wie Gästezimmer gestaltet und eingerichtet. Alle Arbeitsprozesse und -Abläufe sind ISO-zertifiziert. Das Servicepersonal stellt sich mit Vornamen am Tisch vor, wie es in Frankreich manchmal üblich ist, und schafft so eine vom „Patron" gewünschte authentische und persönliche Beziehung.

Diese hat er auch zu Freiburg entwickelt – doch zieht es ihn irgendwann wieder an die alte Wirkungsstätte nach Nizza zurück, denn dort „ist es halt immer noch ein paar Grad wärmer als hier".

ChEric
iburg

Gebratener Steinbutt in Orangenvelouté mit Spargelgemüse und Kartoffelstampf

HAUPTGERICHT FÜR 4 PERSONEN

VORBEREITUNGS- UND KOCHZEIT 1 ½ STUNDEN

ZUTATEN

1 Steinbutt von ca. 1,2 kg
400 ml Fischfond
200 ml Orangensaft
200 ml trockener Weißwein
4 cl Cognac
Butter
100 ml Sahne
20 g Crème fraîche
10 g Butter kalt in Stücken
Salz
Zitronenabrieb

STEINBUTT-GRÄTEN
1 Fenchelknolle
1 Stange Staudensellerie
1 Stange Lauch
3 Schalotten
1 Knoblauchzehe
1 Esslöffel Pfefferkörner
1 Esslöffel Olivenöl
250 ml Weißwein
½ Zitrone
2-3 Zweige Thymian
2 Lorbeerblätter
3-4 Gewürznelken
2 Esslöffel Meersalz

SPARGEL
½ kg Spargelgemüse
Salz
½ Teelöffel Zucker
30 g Butter
25 g Mehl
50 g Schlagsahne
½ Schuss trockener Weißwein oder Zitronensaft
Frisch gemahlener Pfeffer
Frisch geriebene Muskatnuss
¼ Bund glatte Petersilie

KARTOFFELSTAMPF
375 g mehlig kochende Kartoffeln
Frisch gemahlener Pfeffer und Muskatnuss
Butter
Salz

ZUBEREITUNG STEINBUTT

Den Steinbutt filetieren und einen Fischfond herstellen. Dazu die Fischgräten in Stücke hacken und 15 Minuten gründlich wässern, Gemüse waschen, säubern und in große Stücke schneiden.

Schalotten und Knoblauch schälen, Schalotten grob hacken. Die Pfefferkörner grob zerstoßen.

Öl in einem großen breiten Topf erhitzen, Gemüse und Schalotten darin 1-2 Minuten andünsten. Gräten dazugeben und kurz mitdünsten. Mit Wein ablöschen und 3 Liter Wasser dazugießen, alle Zutaten dazugeben. Alles aufkochen, bei kleiner Hitze zugedeckt ca. 30 Minuten köcheln lassen und den aufsteigenden Schaum abschöpfen. Ein Sieb mit Mull auskleiden und den Fonds in einen anderen Topf passieren.

Eine klein geschnittene Schalotte in etwas Butter sanft anbraten. Mit Cognac ablöschen und den Fischfond mit Orangensaft und Wein dazugeben. Langsam zum Kochen bringen und auf ein Drittel der Flüssigkeit einkochen. Sahne und Crème fraîche hinzufügen und erneut etwa ein Drittel reduzieren. Die kalte Butter in Stücken einrühren und mit einem Stabmixer aufmixen. Mit etwas Zitronenabrieb, Salz und Pfeffer abschmecken. Den Steinbutt in der Pfanne mit Öl anbraten.

ZUBEREITUNG KARTOFFELSTAMPF

Kartoffeln schälen, abspülen und in Salzwasser 20 Minuten gar kochen. Butter erhitzen, bis sie leicht gebräunt ist, dann sofort vom Herd nehmen. Kartoffeln mit einem Kartoffelstampfer zerdrücken, mit Salz, Pfeffer, Muskat würzen und braune Butter unterheben.

ZUBEREITUNG SPARGEL

Spargel abwaschen, schälen und holzige Enden knapp abschneiden. Spargelstangen schräg in 2 cm lange Stücke schneiden. Die Spargelschalen in gut 1 Liter Wasser 10 Minuten kochen. Abgießen und das Spargelwasser auffangen. Mit Salz, Zucker und 10 g Butter wieder aufkochen und die Spargelstücke 8-10 Minuten darin kochen. Abgießen und das Spargelwasser wieder auffangen.

Restliche Butter in einem Topf zerlassen. Mehl unterrühren und darin andünsten. Vom Herd nehmen und unter ständigem Rühren gut ein Drittel vom heißen Spargelwasser dazugießen. Topf wieder auf den Herd stellen. Langsam das restliche Spargelwasser unterrühren.

Alles einmal aufkochen lassen, bis die Soße eine dickliche Konsistenz hat. Sahne und eventuell Wein oder Zitronensaft unterrühren und mit den Gewürzen abschmecken.

Die Spargelstücke in die heiße Soße geben und nochmals darin erwärmen. Petersilie abspülen, trocken schütteln und Blätter fein hacken.

Kurz vor dem Servieren über das Spargelgemüse streuen.

„Spargel, Kartoffeln und der Weißwein sind von hier, doch der Steinbutt wird durch den Fischfond, die Orangenvelouté und einen Schuss Cognac zu einer wahren grenzüberschreitenden Delikatesse.“
Éric Lassiaille

Salat vom bretonischen Hummer und Rucola mit Erdbeeren und gerösteten Pinienkernen

Vorspeise für 4 Personen

Vorbereitungs- und Kochzeit 30 Minuten

Zutaten

4 Hummer à 400 g
Orangenfilet von 4 Orangen
150 g Erdbeeren
300 g Rucola
Getrockneter Fenchel
Fleur de Sel
5 g Schwarzer Pfeffer

Pinienkernvinaigrette
75 g geröstete Pinienkerne
100 g geröstete Pinienkerne
100 g Walnussöl
80 g Geflügelessenz
½ Esslöffel Dijonsenf
20 g Balsamicoessig weiß
15 g Sherryessig
50 g Distelöl
Salz
Pfeffer
Zucker
Kerbel
Estragon

ZUBEREITUNG HUMMER

Hummer mit getrocknetem Fenchel und schwarzem Pfeffer in Salzwasser garen. Die Hummerschwänze 6 Minuten, die Scheren 5 Minuten kochen.

Fleisch aus dem Schwanz und den Scheren herauslösen. Es soll kein Knorpel zurückbleiben.

Erdbeeren und Orangenfilet mit Kerbel und Estragon marinieren. Rucola waschen.

ZUBEREITUNG PINIENKERNVINAIGRETTE

75 g Pinienkerne mit Senf, Geflügelessenz, Essig, Salz, Zucker und Pfeffer fein mixen und nach und nach Öl dazugeben, bis eine Emulsion entsteht. Mischung passieren und dann die 100 g Pinienkerne dazugeben.

ANRICHTEN

Rucola-Salat auf den Teller legen und den ausgelösten Hummer in Scheiben geschnitten darauf anrichten. Erdbeeren und Orangenfilet darübergeben.

Mit Pinienkernvinaigrette marinieren und Kerbel- sowie Estragonblättchen darüberstreuen.

„Viele Gäste kommen wegen der Fische und Meeresfrüchte zu uns. Sie gehören auch zu meiner Leidenschaft. Und wenn die Düfte durch die Küche schweben, mache ich die Augen zu und fühle mich wie in Nizza und wie am Mittelmeer“, schmunzelt der nicht nur deshalb immer gut gelaunte Éric Lassiaille.

Das familiengeführte Stadthotel Colombi oder „the first of the best"

„Hier ist der Gast heilig", schrieb einmal Kritikerpapst Heinz Horrmann. „Hier erlebe ich jedes Mal die große Küche", ergänzte der Gourmetpapst Wolfram Siebeck. Zu verdanken ist das Lob dem mehrmaligen „Hotelier des Jahres" Roland Burtsche und seiner Frau Waltraud, die das Colombi zu einem rundum vorzüglichen Hotel und einer Freiburger Institution entwickelt haben. In der Küche wirkt verantwortlich Christoph Fischer, der sich in Berlin bereits einen Stern erkocht hat.

Roland Burtsche wuchs im Kaiserstuhl auf – der Vater war noch bis 1950 in Gefangenschaft. Als er nach Hause kam, riet er seinem dreizehnjährigen Sohn, doch Metzger zu lernen, denn diese brauche man immer. Gesagt, getan, doch der Junge will die Welt sehen und geht mit sechzehn Jahren nach Hamburg, um auf unterschiedlichen Schiffen anzuheuern sowie im renommierten Hotel Gustav Adolf auch noch Koch zu lernen. Bevor ihn der Einberufungsbescheid der Bundeswehr erreicht, besorgt er sich ein Ticket zur Überfahrt in die USA. Im Land der unbegrenzten Möglichkeiten arbeitet er als Koch, besucht eine Hotelfachschule und belegt in San Francisco den zweiten Platz beim Wettbewerb zum Cook of the year.

Den zerknitterten Zeitungsausschnitt hält Roland Burtsche immer noch in Ehren. „In den USA gab es in Hülle und Fülle die beste Ware, das war zu der Zeit in Frankreich nicht möglich und in Deutschland gar nicht vorstellbar." Burtsches Karriere in den USA scheint einen Knick zu bekommen, als ihm dort die Einberufung in den Vietnamkrieg droht. Umgehend meldet er sich deshalb auf den Luxusdampfer President Roosevelt. Das in den USA vorherrschende Denken und der *american way of life* gefallen ihm. „Wer mutig ist und etwas wagt, der wird belohnt, aber den Job hätte ich eigentlich nicht aufgeben dürfen", meint er in der Rückschau. Doch seine zukünftige Frau Waltraud, die aus Oberbergen am Kaiserstuhl stammt und auch den Sprung über den großen Teich gewagt hatte, zieht es zurück in die Heimat.

Nach ihrer Heirat bewähren sich die beiden in unterschiedlichen Hotel- und Restaurantbetrieben in und um die Stadt Freiburg. 1978 bietet sich die Chance, das zwanzig Jahre zuvor erbaute Colombi Hotel zu erwerben. Gegenüber liegt das namensgebende Colombischlössle, das die weitgereiste, deutsche und in Russland geborene Gräfin de Colombi 1861 erbauen ließ. Es war schon während der französischen Besatzungszeit Amtssitz des badischen Staatspräsidenten Leo Wohlleb. Familie Burtsche investiert im Laufe der Jahre in das heutige Fünf-Sterne-Superior-Haus an die fünfzig Millionen Euro und betreibt ebenso das Hotel Stadt Freiburg und die Klostermühle in Offnadingen.

Die Restaurants und auch das Café Graf Anton (de Colombi), in dem der Elsässer Philippe Ott seit Jahren wirkt, werden zu einem Treffpunkt für Feinschmecker. Von 1981 bis 2015 war Alfred Klink Küchenchef und erkochte sich schon 1982 einen Stern, der seitdem immer wieder bestätigt wurde. Sein Nachfolger Christoph Fischer war sein Lehrling und hat aber auch schon in Berlin einen Stern vom Himmel geholt. Er mag damit für alle erfolgreichen „Azubis" stehen, die im Laufe der Jahre eine Ausbildung im Colombi absolviert haben. Unerbittlich konnte Roland Burtsche sein, denn, „wenn man etwas macht, muss man es richtig und konzentriert machen". Lohn der Mühe ist, dass jeder Absolvent der konsequenten Colombi-Schule sich weltweit auf jede Stelle bewerben kann.

Bald organisiert er für seine Restaurantkollegen Bildungsreisen nach Frankreich – man besucht Weinregionen und kehrt dort in den besten Häusern ein, um die Anregungen zuhause umzusetzen.

Illustre Gäste wählen das Colombi zu ihrem Aufenthaltsort wie die Top-Clubs der Fußball-Bundesliga, Stars und Sternchen und natürlich die französischen Präsidenten Chirac und Sarkozy, wenn sie sich zu politischen Treffen mit Bundeskanzler Schröder oder Bundeskanzlerin Merkel und zu einem badisch-französischen Menu einfinden. Ein beliebter Treffpunkt ist auch die Hotelbar, die seit vierzig Jahren von Salvatore Casamento geleitet wird.

Für den elsässischen „Monsieur Tourismus" Jean Klinkert ist das Colombi ein beliebter Ort zu Gesprächen, so auch als es bei einer Sitzung um die Renovierung der Gedenkstätte zum Ersten Weltkrieg auf dem Hartmannsweilerkopf ging. Ohne zu zögern beteiligt sich auch Roland Burtsche an der Finanzierung, denn „wenn man gute Geschäfte macht, muss man auch abgeben". Von seiner Großzügigkeit, von der er kein Aufheben macht, profitiert neben vielen anderen der Münsterbauverein ebenso wie die Aktion „Kinderherzen retten".

Nach 62 Berufsjahren (!) und 36 Jahren im Colombi hat Roland Burtsche das operative Geschäft an die Tochter Kirsten Moser, eine promovierte Juristin, abgegeben, die bei ihrer Ausbildung zur Hotelkauffrau in Paris arbeitete. Schlendert man am Colombi vorbei, hat man große Chancen, den Fußballtrainer Jogi Löw zu sichten, der entspannt auf der Terrasse des Cafés sitzt. Wenn man genauer schaut, wird man aber auch Roland Burtsche sehen, der umtriebig in seinem Hotel nach dem Rechten schaut.

C. Fischer

Croustini von Wachtelspiegelei mit Trüffel und Spinat

VORSPEISE FÜR 4 PERSONEN
VORBEREITUNGS- UND KOCHZEIT 1 ½ STUNDEN

ZUTATEN

4 Toastbrotscheiben
4 Wachteleier
Butterschmalz
16-20 Trüffelscheiben
Salz
Pfeffer aus der Mühle

TRÜFFELJUS
20 g Butter
1 feingewürfelte Schalotte
40-50 g gehackte Trüffel
60 ml Portwein
30 ml Madeira
100 ml Geflügelfond
50 ml Enten- oder Kalbsjus
Kalte Butterwürfel
2-3 Esslöffel Trüffelsaft
Salz und Pfeffer

RAHMSPINAT
100 g roher Spinat
Muskatnuss
Nussbutter
Crème fraîche
Geschlagene Sahne
Salz, Pfeffer

CROUSTINI VON WACHTELSPIEGELEI

Aus einer Toastbrotscheibe mit einem Ring (Ø 6,5 cm) eine Scheibe ausstechen. Den wiederum mit einem kleineren Ring (Ø 4,0 cm) ausstechen.

In einer leicht erhitzten Pfanne im Butterschmalz die ausgestochenen Toastbrotscheiben von einer Seite leicht anbräunen lassen, dann wenden und das Wachtelei vorsichtig in die Öffnung geben.

Beides leicht anbräunen und dann aus der Pfanne nehmen.

TRÜFFELJUS

Die Schalotte in Butter leicht Farbe annehmen lassen.

Trüffel, Portwein, Madeira und Geflügelfond beigeben und kurze Zeit reduzieren.

Entenjus beigeben. Abschmecken.

Mit den Butterwürfeln fertig stellen.

Zum Schluss mit dem Trüffelsaft abschmecken.

RAHMSPINAT

Gewaschene Spinatblätter in einer erhitzten Sauteuse in leichter Nussbutter schnell andünsten und mit den Gewürzen abschmecken. Auf ein Sieb geben und den Spinat kurz ausdrücken. Wieder in die Sauteuse zurückgeben. Den Spinat mit der Crème fraîche und der geschlagenen Sahne vollenden.

ANRICHTEN

Den cremigen Spinat in der Mitte des Tellers platzieren, 4 bis 5 fein gehobelte Trüffelscheiben drauflegen und mit dem fertigen Wachtelspiegelei bzw. der krossen Toastbrotscheibe abschließen.

Die erhitzte Trüffeljus um den Spinat anrichten.

„Seit Jahrzehnten wird die badisch-französische Küche im Colombi Hotel auf höchstem Niveau zelebriert. Mit meinen Ideen interpretiere ich diese Tradition neu. Das Rezept mit ausgewählten Produkten aus unserer Region soll unseren Gästen einen besonderen kulinarischen Genuss bereiten.“
Christoph Fischer

Kotelett vom Elztäler Rind nach Winzerin Art mit Rotweinsauce

HAUPTGANG FÜR 4 PERSONEN
ZUBEREITUNGS- UND KOCHZEIT 3 STUNDEN

ZUTATEN

1 Rinderkotelett von ca. 1 kg
50 ml Traubenkernöl
6 Schalotten ungeschält
2 Esslöffel Olivenöl
50 ml Rotwein
200 ml Rinderfond
Salz
Frisch gemahlener Pfeffer
Maldon-Meersalz
20 g Butter
100 g roher Landschinken in Streifen geschnitten
1 Zweig weiße Weintrauben geschält und entkernt
½ Teelöffel Pfefferkörner
Thymian, Rosmarin, Lorbeerblatt
Croutons

GEBACKENE SCHALOTTEN

Von vier Schalotten nur die Wurzel abschneiden. In eine mit Olivenöl ausgestrichene Form legen und 1 ½ Stunden bei 120 °C garen.

RINDERKOTELETT

Das äußere Ende des Knochens abkratzen. Dann das Kotelett parieren, den Fettrand jedoch belassen. Kurz vor dem Braten temperieren lassen.

Das Kotelett mit Salz und Pfeffer würzen, in einer Pfanne mit Traubenkernöl von beiden Seiten und anschließend aufrecht stehend anbraten.

Im vorgeheizten Ofen bei 240 °C ca. 12 Minuten braten, dabei mehrmals mit dem Bratensaft übergießen. Den Ofen auf 200 °C zurückstellen. Den Bratensaft abgießen und die Butter hinzufügen.

Weitere 18 Minuten im Ofen garen und mehrmals mit der Butter (10 g) beträufeln. Das Fleisch auf eine Platte mit Gitter legen und den Bratensaft auffangen. Dabei das Fleisch mit Alufolie abdecken und warm halten.

ROTWEINSAUCE

2 Schalotten mit einem ½ Teelöffel zerstoßenen Pfefferkörnern, Thymian, Rosmarin und einem Lorbeerblatt in 20 g Butter andünsten, 30 ml Rotwein angießen und auf ¾ reduzieren. 200 ml Rinderfond hinzufügen und bei kleiner Flamme einkochen lassen, bis die Sauce glänzend und sämig wird. Dann durch ein feines Sieb passieren, abschmecken und warm stellen.

Den Bratensaft mit 20 ml Rotwein ablöschen und sirupartig einkochen. Trauben in der Sauce wenden und lauwarm ziehen lassen.

Das Fleisch auf eine vorgewärmte Platte legen und mit Meersalz würzen. Die Garnitur dekorativ umlegen und mit ein paar Croutons bestreuen.

„Dieses Gericht ist eine Hommage an meinen Lehrmeister Alfred Klink, der damit die französische Kochkunst würdigt.“
Christoph Fischer

Schwarzer Adler oder Schwarzmarkt: „Tausche badischen Schinken gegen französischen Rotwein“

Der Kaiserstuhl ist ein Vulkangebirge und vom brodelnden Untergrund muss der umtriebige Fritz Keller etwas in seinen Genen haben, was ihn zur erfolgreichen Umsetzung kühner und gewagter Ideen antreibt. So liefert er zusammen mit 435 Winzern Wein an einen großen Lebensmitteldiscounter.

Doppelseite 152-153: Der Kaiserstuhl ist Burgunderland. Zahlreiche Weingüter und Winzergenossenschaften pflegen das typische Landschaftsbild des « Naturgartens » Kaiserstuhl mit seinen markanten Steillagen, die schwierig und oft nur von Hand zu bearbeiten sind. Lohn der Mühe sind knackige Weißburgunder, wie vom Weingut Franz Keller vom Pulverbuck, und vollmundige Spätburgunder.

Franz Anton Keller (1860-1929) stammte aus einer alteingesessenen Wirtsfamilie aus dem an österreichische Vergangenheit erinnernden Schwarzen Adler, doch es zog ihn in die Welt hinaus. Der weltoffene Gastwirtssohn arbeitete in London, Paris, Lyon, um später den heimischen Betrieb weiterzuführen, aber vor allem auch, um den Weinhandel, dank seiner Beziehungen, auszubauen. Er lieferte im ganzen Deutschen Reich, zu dem auch das Elsass gehörte, und exportierte Kaiserstühler Wein nach Frankreich und im Gegenzug französischen Wein nach Deutschland.

Sein Sohn Franz Keller (1927-2007) hatte den Vater nicht mehr kennen lernen können – seine Mutter Mathilde, eine couragierte und mutige Frau, betrieb das Gasthaus. Franz lernte viel über Weinbau vom Kellermeister der örtlichen Winzergenossenschaft und wurde als junger Kerl in den Krieg eingezogen. Vom Einsatz brachte er aber zwei lebenslang prägende Erlebnisse mit: Traumatisiert hat ihn der Beschuss eines Flugzeugs und euphorisiert der Fund… einer Flasche Château Lafitte, „den will ich wieder mal trinken“!

Oberbergen lag nach dem Zweiten Weltkrieg in der französischen Zone, über den Rhein hinweg wurden neue Beziehungen geknüpft und bestehende aufgefrischt. Mit den Elsässer Kochinstitutionen Paul Meistermann in Colmar und Jean-Pierre Haeberlin der Auberge de l'Ill ging es schon 1947 auf gemeinsame Reise ins Burgund und ins Bordelais. Franz Keller legte dabei den Grundstock seines umfangreichen Weinhandels mit französischen Spitzenprodukten, die heute in zwei Kellergängen gelagert sind und fachkundigen Besuchern begeisterte Ausrufe entlocken. Während die beiden Kollegen ihren Wein bezahlen konnten, hatte Franz Keller nur Schinken und Speck anzubieten – zudem in der von Rationierung und Ablieferung gekennzeichneten Zeit von schwarz geschlachteten Schweinen…

Franz Keller, der sich vehement für die Beibehaltung traditioneller Rebsorten und das vom Weinbau geprägte Landschaftsbild sowie gegen die Produktion von Massenweinen und für durchgegorene trockene Weine einsetzte, wurde besonders bei seinem Kampf gegen die Terrassierungen am Kaiserstuhl als Rebell bezeichnet – war er nicht doch eher ein Konservativer, ein streitbarer, aber bewahrender Kämpfer für den Kaiserstuhl?

Seine Frau Mathilde stammt aus der Krone in Achkarren, der Sohn Franz kam 1950 auf die Welt und arbeitete nach Lehr- und Wanderjahren u.a. bei Bocuse, im elterlichen Betrieb, der seit 1969 ununterbrochen einen Michelin-Stern hat.

Während Franz bald auf eigenen Füßen stehen will und den Schwarzen Adler verlässt, wächst Fritz Keller (*1957) in der Wirtschaft auf, die zum Wohnzimmer wird – am Stammtisch werden die Hausaufgaben gemacht. Patenonkel des kleinen Fritz wird der legendäre Fußballspieler Fritz Walter – Franz Keller geht beim Freiburger FC, dem Traditionsverein, seinem Faible für den Fußball nach und schafft es zur Fußball-Weltmeistermannschaft von 1954 Kontakt zu bekommen. Nicht umsonst kann man das Originaltrikot des Siegtorschützen Helmut Rahn („Rahn schießt … “) aus dem legendären Endspiel an der Wand hängen sehen, aber auch Fotos mit Autogrammen von zahlreichen bekannten Fußballgrößen. Die Kinder begleiten am Montag, dem Ruhetag des Schwarzen Adlers, ihre Eltern zum Mittagessen nach Illhaeusern oder nach Lyon – prägende Erlebnisse, die den jungen Fritz auch nach seiner Winzerlehre nicht loslassen.

Bei Weinhändlern und Weinbaubetrieben in der Provence, an der Rhône und im Burgund gewinnt er neue Erfahrungen und will eigentlich wegen der rassigen Erntehelferinnen auch nicht mehr nach Hause. Mit dem Leitmotiv „Wir machen elegante, feine und authentische Weine“ übernimmt er 1990 das Weingut, erwirbt danach das gegenüberliegende Winzerhaus Rebstock und wagt 2013 mit der Familie den Neubau des Weinguts, einem preisgekrönten Architekturjuwel am Ortseingang von Oberbergen. Alles dient dazu, dass den drei Söhnen Friedrich, Vincent und Konstantin eine Zukunftsperspektive eröffnet wird.

Im Neubau befindet sich als dritter gastronomischer Betrieb das Restaurant KellerWirtschaft mit dem Koch Sebastian Heil. In der Küche des Schwarzen Adlers steht seit 1974 Anibal Strubinger, seit 1985 als Küchenchef aus der „Endinger Kolonie“ Tovar in Venezuela. Seine Frau Dominique Guthleben, eine Elsässerin, ist Küchenchefin im Rebstock. Fritz Keller agiert virtuos und mit viel Humor in seinen unterschiedlichen Geschäftsfeldern und nimmt sich ausgiebig Zeit für Gäste und Kunden. Zeit? Die eröffnet ihm ein kompetentes Team, das die umtriebigen Ideen des Weingutsbesitzers, Gastronomen und Weinhändlers sowie Präsidenten des Fußballclubs SC Freiburg umzusetzen gelernt hat.

Ceviche vom Kabeljau

VORSPEISE FÜR 4 PERSONEN

ZUBEREITUNGS- UND KOCHZEIT 30 MINUTEN

ZUTATEN

800 g Kabeljau, ohne Haut in dünne Scheiben geschnitten
25 cl Olivenöl
2 Avocados
2 rote Paprika
2 rote Zwiebeln
1 Strauß frischer Koriander
200 g gekochter Mais
6 Limetten
3 Orangen
1 Prise Chilipulver
Tandoripaste
12 dünne Scheiben Weißbrot
Grobes Meersalz
Pfeffer

Avocados, Paprika, Zwiebeln in Streifen schneiden. Koriander fein hacken. Limetten und Orangen auspressen. Den Saft in eine kleine Schüssel geben und mit einem Stabmixer das Olivenöl langsam dazugießen und zur Emulsion bringen.

Den Boden eines flachen Gefäßes oder einer Platte mit der Emulsion bedecken, die Kabeljauscheiben darauflegen und den Kabeljau mit Emulsion bedecken, mit Salz und Pfeffer würzen, Koriander darüber streuen und ca. 10 Minuten ziehen lassen.

Kabeljauscheiben, Gemüsestreifen, Mais auf einem Teller in Schichten anrichten.

Die restliche Emulsion darübergießen, mit Chilipulver und dem restlichen Koriander bestreuen.

Weißbrotscheiben in Olivenöl goldbraun rösten, mit der Tandoripaste bestreichen und dazulegen.

„Dieses Gericht stammt ursprünglich aus Peru, wird aber dort nur mit Zitronensaft zubereitet, ich habe es noch mit Orangensaft verfeinert. So habe ich noch ein wenig Kontakt mit meiner südamerikanischen Herkunft. Als ich 1974 an den Kaiserstuhl und in die Heimat meines ausgewanderten Urgroßvaters kam, hatte ich Heimweh und habe oft geweint, aber im Prinzip bin ich im Schwarzen Adler aufgewachsen und Fritz Keller ist wie mein Bruder. Meine Heimat ist jetzt der Oberrhein, denn mit meiner Frau wohne ich im Elsass."

Anibal Strubinger

Maronenpilz mit Mirabellensorbet und Pistazienbiskuit

DESSERT FÜR 4 PERSONEN

ZUBEREITUNGS- UND KOCHZEIT 2 STUNDEN
12 STUNDEN KÜHLEN

ZUTATEN

MARONENPARFAIT FÜR DIE PILZHÜTE
250 g Sahne
125 g Zucker
50 ml Wasser
4 Eigelb (80 g)
25 g dunkler Rum
125 g Maronenpüree

MERINGEN FÜR DIE PILZSTIELE
60 g Eiweiß
120 g Zucker

SCHOKO-SAHNE ZUR DEKORATION
110 g Sahne
40 g Vollmilch-Schokolade (z. B. Valrhona-Jivara)

BISKUIT ZUR DEKORATION
50 g Pistazien-Paste
20 g Mehl
3 Eier
80 g Zucker
2 Stickstoffkapseln

MIRABELLENSORBET
500 g Mirabellen
10 cl Wasser
130 g Zucker
1 Schuss Franz-Keller-Mirabellenbrand
Saft einer halben Zitrone

ZUBEREITUNG MARONENPARFAIT

Die Sahne steif schlagen und kühl stellen. Den Zucker und das Wasser kochen, bis 121 °C erreicht sind.

Währenddessen das Eigelb langsam in der Küchenmaschine rühren und die fertige Zuckerlösung sofort beigeben.

Diese Mischung auf hoher Stufe hochschlagen, dann das mit dem Rum verrührte Maronenpüree dazugeben. Zum Schluss die Schlagsahne unterheben. Die Masse in Halbkugel-Formen geben (2 Größen, ca. 5 cm und ca. 3 cm, z. B. Silikon) und einfrieren.

ZUBEREITUNG PILZSTIELE

Eiweiß und Zucker zusammen im Wasserbad auf 50 °C erwärmen. Die Mischung so lange steif schlagen, bis sie abgekühlt ist. Die Masse in die gewünschte Form (je nach Größe der Pilz-Hüte) spritzen und eine Stunde bei 90 °C im Ofen trocknen lassen.

ZUBEREITUNG SCHOKO-SAHNE

Sahne kochen, auf die Schokolade geben und in einem Mixer gut durchmixen.

Eine Nacht durchkühlen lassen und vor dem Anrichten steif schlagen.

ZUBEREITUNG BISKUIT

Alle Zutaten gut mixen, in einen Sahnebereiter geben und mit Stickstoffkapseln (2 Stück) laden. Gut schütteln, 12 Stunden kühlen und die Masse nacheinander in eine gefettete Silikonform (Größe und Form nach Wunsch) spritzen. Bei ca. 850 Watt mindestens 1 Minute in der Mikrowelle oder im Backofen erwärmen. Wenn es schwammartig wird, kann man aufhören.

ZUBEREITUNG MIRABELLENSORBET

Die Mirabellen entsteinen und weich kochen, pürieren und durch ein Sieb passieren.

Wasser, Zucker, Mirabellenbrand und den Zitronensaft aufkochen, mit dem Mirabellen-Püree vermengen und in die Eismaschine geben.

ANRICHTEN

Die Meringen-Pilzstiele und die Biskuits auf dem Teller anordnen, und die Schoko-Sahne entsprechend aufspritzen.

Die Pilzhüte aus Maronenparfait auf die Stiele setzen und eine Kugel Mirabellensorbet in einer Hippe oder einem Glasschälchen dazu platzieren.

Dekorationsvorschlag mit Schokoladenbäumchen.

„Ich komme aus Dijon und habe mein Handwerk bei Jean-Louis Moron im Burgund gelernt. Während meiner Zeit bei den französischen Streitkräften, die in Breisach stationiert sind, lernte ich meine Frau kennen und wir wollten in der Gegend bleiben. Seit elf Jahren bin ich nun schon im Schwarzen Adler als Patissier beschäftigt – in der Küche reden wir deutsch, französisch, elsässisch, alemannisch und Anibal mit unserem Lehrling aus Tovar auch mal spanisch …“
Serge Rebillard, Patissier

Grüße
vom
Kaiserstuhl

In Vogtsburg-Burkheim geht die badisch-elsässische Post ab

Mit der Einweihung des Kaiserstuhl-Spas 2016 geht ein Traum der badisch-elsässischen Wirtsfamilie Gehr-Schmitt in Erfüllung. In der Kreuz-Post standen die Zeichen der Zeit nie auf „Stop". Die Reisezeiten der Postkutsche, die Heimkehr der Bauern nach der Feldarbeit und die Postlieferungen bestimmten den täglichen Takt. Heute verweilt der Gast zur gemütlichen zweisprachigen Einkehr und er kann, dank der umfassenden Wohlfühlangebote, die Zeit genussvoll anhalten.

Die Kreuz-Post liegt verkehrsgünstig an der Straßenkreuzung zwischen Burkheim und Oberrotweil sowie zwischen Jechtingen und Breisach und ist seit über zweihundert Jahren im Familienbesitz. 1809 erwirbt Ignaz Jäger ein kleines Anwesen neben der Heilig-Kreuz-Kapelle, das am 1. April 1850 zur Poststation wird. Das Haus wird immer über die Töchter von Generation zu Generation weitergegeben, sodass sich die Namen der Besitzer abwechseln, bis 1949 Ernst Gehr den Betrieb übernimmt. Seit 1988 leitet sein Sohn Reiner Gehr in der siebten Generation die Geschicke des Hauses. Für die Küche sucht er drei Jahre später eine/n Mitarbeiter/in und wird im Elsass fündig. Isabelle Schmitt sagt die Stelle zu und ab 1993 bilden die beiden nicht nur in der Küche ein badisch-elsässisches Team …

Das frühmittelalterliche kleine Burkheim besaß weitreichende Ländereien und regelte den Rheinübergang. Dieser erstreckte sich mäandernd zwischen Burkheim und Balzenheim auf einer Breite von drei Kilometern und umfloss auch das Städtchen.

Die alte Herrlichkeit lässt sich an der Ruine des Schlosses ablesen, das kein Geringerer als der kaiserliche Feldherr Lazarus von Schwendi ab 1561 erbauen ließ, der ebenso Besitz im Elsass (Burg Hohlandsburg, Schloss Kienzheim …) erwerben konnte und in Kientzheim beerdigt liegt. Das Burkheimer Schloss zerstörten dann 1672 französische Truppen.

Ab 1554 residierte hier auch Jörg Wickram als Stadtschreiber, der das berühmte Rollwagenbüchlein als unterhaltsame Reiselektüre zuerst für die Gäste des Gasthauses zur Blume in Colmar verfasste. Die Rollwagen waren die noch unbequemeren Vorläufer der Kutschen und eine Reise von Straßburg nach Basel dauerte volle acht Tage. Fahrgäste des Rollwagens und später der Postkutsche kehrten in Burkheim ein. In der Poststation Kreuz-Post hielten die Bischoffinger Bauern mit ihren Ochsengespannen an, die ihre Äcker in Breisach zu bestellen hatten, im Laufe der Zeit gesellten sich andere Gäste dazu.

Nach zahlreichen Erweiterungen und Umbauten zwischen 1953 und 1994 der ehemaligen Poststation in ein Landgasthaus und dann in ein Landhotel erfolgte ab 2014 ein großzügiger Erweiterungsbau. Im Hotel waren achtundsechzig Zimmer eingerichtet, damit war es das erste am Kaiserstuhl, das mehr als fünfzig Zimmer hatte.

Nun ist es um einen 700 m² großen Wellnessbereich mit Finnischer Sauna, Dampfbad, Saunarium, Massage- und Kosmetikräumen erweitert worden. Zentrales Schmuckstück ist der großzügig gestaltete Pool, der den Blick und Zugang zu einem 1700 m² großen Obstgarten und auf das Symbol des Kaiserstuhls, den Totenkopf, freigibt. Die Außenterrasse des Spa-Bistros ist eine wahre Oase der Ruhe.

Das Obst wie die Mirabellen, Zwetschgen, Kirschen und Sauerkirschen wird in der seit 1887 bestehenden Spezialitäten-Brennerei zu herrlichen Schnäpsen verarbeitet. Im neu erbauten Trakt ist deshalb auch das Brennhisli für Schnaps- und Weindegustationen eingerichtet.

„Die Zeiten, als man Frühstück und ein Zimmer mit fließend kalt-warmem Wasser angeboten hat, sind vorbei", meint Reiner Gehr. Der Gast, der den Spa-Bereich auch tageweise nutzen kann, „möchte Komfort und einen gewissen Wohlfühlfaktor und das wollen wir ihm bieten". Und die Gäste kommen auch aus dem Elsass, wo die Kreuz-Post eine große Fangemeinde besitzt, die sich durch einen zweisprachigen Service besonders willkommen fühlt und auf diese Weise das badisch-elsässische sowie deutsch-französische Ambiente und den kulinarischen Jahreskalender genießt. In ihm fließen die Erfahrungen der beiden Wirtsleute zusammen.

Isabelle aus Kuenheim lernte und arbeitete u. a. in der Küche der Hostellerie Aux Deux Clefs in Biesheim sowie im Chambard in Kaysersberg, als es noch von Pierre Irrmann geleitet wurde. Reiner Gehr saß oft bei der Oma in der Küche, der er aufmerksam zuschaute und die die Liebe zum Kochen sowie zur badischen Küche in ihm weckte. Es folgte eine Lehre in Bräutigams Weinstube in Ihringen, dann Stationen in Arosa und in der Bordküche der Queen Elizabeth II, mit der er die Welt bereisen konnte.

In der Küche des Posthotels wirkt Willem Dehan, der im Schloss Filseck bei Uhingen lernte und nach weiteren Stationen auf seiner Laufbahn des Weins, der heimischen Produkte und der Natur wegen in den Kaiserstuhl kam. „Man muss manchmal weit fort, um zu sehen, wie schön es daheim ist", meint Reiner Gehr. Darum legt die Familie mit den beiden Kindern Galina und Cédric auch viel Wert auf Regionaltypisches, das durchaus beide Seiten des Rheins mit einschließt. „Wir sind stolz auf unsere Region und leben Europa", meint Reiner Gehr zum Schluss.

Reiner Gehr
Kreuz-Post
Burkheim
Kreuz-Post

Kaiserstühler Schnecken-Nudeln mit Kräuter-Pesto

VORSPEISE FÜR 4 PERSONEN

VORBEREITUNGS- UND KOCHZEIT 1 STUNDE

ZUTATEN

SCHNECKEN-NUDELN
24 Schnecken
3 Schalotten in Würfel für Schnecken
3 Schalotten in Würfel für Sauce
2 Knoblauchzehen feingehackt
20 Pinienkerne
2 Tomaten in Würfel (geschälte Tomaten ohne Kerngehäuse)
4 Lasagneblätter
400 g frischer Blattspinat
25 cl Sahne
Hausgemachtes Kräuter-Pesto
Salz, Pfeffer, Butter zum Anbraten

KRÄUTER-PESTO
250 g frische Kräuter, wie Basilikum, Petersilie, Kerbel usw., im Frühling auch mit Bärlauchblättern
200 ml Olivenöl
50 g Parmesan
2 Esslöffel Pinienkerne
1 Teelöffel weißer Balsamico-Essig
Salz
Weißer Pfeffer

ZUBEREITUNG PESTO

Die Kräuter waschen und kurz in siedendem Salzwasser blanchieren, im Eiswasser abschrecken und fest ausdrücken. Dann mit dem Olivenöl, dem Parmesan und den Pinienkernen im Mixer fein pürieren. Mit Salz, Pfeffer und Balsamico abschmecken.

Im luftdicht verschlossenen Glas im Kühlschrank aufbewahren.

ZUBEREITUNG SCHNECKEN-NUDELN

Blattspinat entstielen und waschen, kurz blanchieren und gut abtropfen lassen. Lasagneblätter kochen und in die gewünschte Form schneiden (Quadrate/Dreiecke).

Grob geschnittene Schnecken, Schalotten und die Hälfte des Knoblauchs in Butter andünsten. Pinienkerne zugeben, mit Salz und Pfeffer würzen.

ZUBEREITUNG SAUCE

Schalotten und den restlichen Knoblauch anschwitzen. Sahne zugeben, reduzieren lassen. Kräuter-Pesto zugeben. Zuletzt Tomatenwürfel hinzufügen.

ANRICHTEN

Warme Lasagneblätter, Spinat und Schnecken abwechselnd in Lagen schichten. Sauce darum drapieren. Kräuterblättchen zur Dekoration.

„Bei uns im Elsass sind Schnecken ja nichts Besonderes, doch auch im Badischen haben sie ihre Liebhaber gefunden. Es macht viel Freude, die Gäste am Kaiserstuhl mit Spezialitäten zu bekochen, die von der anderen Seite des Rheins kommen. Zudem waren in Burkheim Schnecken wie auch Froschschenkel an Fastnacht ein traditionelles Gericht. Unser Burkheimer Nachtwächtermenü wird mit diesem Gang eröffnet."
Isabelle Schmitt

Geschmorte Lammhaxe in Rotweinsauce mit Thymiankartoffeln

HAUPTGANG FÜR 4 PERSONEN

VORBEREITUNGS- UND KOCHZEIT 3 STUNDEN

ZUTATEN

4 Lammhaxen
5 Karotten
4 Zwiebeln
¼ Sellerie
5 Zehen Knoblauch
2 Esslöffel Tomatenmark
1 Dose gehackte Tomaten
4 Zweige Rosmarin
2 Zweige Thymian
1 Glas Fond (Geflügel- oder Gemüsefond)
750 ml (badischer) Rotwein
Salz
Pfeffer
Zucker
Öl oder Butterschmalz zum Braten

Den Backofen auf 175 °C vorheizen. Das Fleisch von allen Seiten salzen und pfeffern. Die Haxen in einem backofenfesten Bräter in etwas Öl oder Butterschmalz anbraten. Das Fleisch danach herausnehmen.

Karotten, Zwiebeln und Sellerie abziehen bzw. schälen und in grobe Stücke schneiden. Das Gemüse im selben Bräter mit den Kräuterzweigen anbraten. Tomatenmark zufügen und kurz anrösten. Knoblauch hacken und dazugeben.

Mit Salz, Pfeffer und Zucker nach Belieben würzen. Mit dem Fond ablöschen. Tomaten dazugeben und etwas einkochen lassen.

Nochmals kräftig abschmecken, mit Wein auffüllen, umrühren. Das Fleisch wieder in die Sauce geben und ohne Deckel im Ofen ca. 2 Stunden schmoren.

Vor dem Servieren die Kräuter entfernen. Dazu passen am besten Thymiankartoffeln.

„Hier kombinieren wir badisch-elsässische Küche. Das Lamm kommt aus dem Elsass und der Wein aus Burkheim – eine ideale Kombination, bei der einem schon beim Zubereiten das Wasser im Munde zusammenläuft … “
Isabelle Schmitt

Der badisch-elsässische Jobmotor für Freizeitspaß mit Sterneküche

Den Europa-Park muss man nicht vorstellen… Die rastlose Unternehmerfamilie Mack schuf neben den Fahrgeschäften eine Vielzahl von Hotels und Restaurants mit den zugehörigen länderspezifischen Spezialitäten und Getränken. Mit dem Ammolite The Lighthouse Restaurant ist es geglückt, das gastronomische Angebot des beliebten Freizeitparks auszudehnen. Auch Peter Hagen liebt neben der Küche attraktive Herausforderungen und fährt deshalb am liebsten gepflegt Motorrad.

Im Jahr 2015 konnte der Europa-Park sein vierzigjähriges Bestehen feiern. Im Jubiläumsjahr besuchten 5,5 Millionen Menschen Deutschlands größten Freizeitpark, die fünf Hotels sind zu 98 % ausgelastet. Der Park weitet seine Themenbereiche und Fahrattraktionen, die europäischen Ländern nachempfunden sind, immer weiter aus. Diese sind deshalb an einem Tag gar nicht mehr zu besuchen. Darum steigt auch die Nachfrage nach einer Übernachtung in den familiengerecht eingerichteten Hotelunterkünften, Tipis und im Camping Resort stetig. Die Gäste kommen aus den umliegenden Bundesländern, vor allem aber auch aus der Schweiz und aus Frankreich. Doch selbst aus fernen Ländern stieg die Zahl der Besucher in den Park, der bei einer Umfrage der Deutschen Zentrale für Tourismus zur beliebtesten deutschen Sehenswürdigkeit avancierte, gefolgt von Schloss Neuschwanstein.

Wurde schon 2015 ein zweistelliger Millionenbetrag investiert, so stehen zukünftig Neuerungen wie der Themenbereich Irland-Welt der Kinder auf dem Plan. Im Jahre 2018 folgt die Eröffnung eines sechsten Hotels mit 1000 Betten und im selben Jahr soll der geplante Wassererlebnispark starten. Insgesamt arbeiten 3600 Mitarbeiter im Park. Der Europa-Park ist damit auch ein Jobmotor für die Oberrhein-Region, alleine im Jahr 2015 wurden 150 neue Arbeitsplätze geschaffen. Ebenso ist der Park ein beliebter Ausbildungsbetrieb, 120 Jugendliche begannen 2015 ihre Lehre. Der Park ist über den Winter, außerhalb der sehr gut angenommenen und befristeten Winteröffnung seit 2001, geschlossen, jedoch laufen Veranstaltungen, Ausstellungen und vor allem das Konferenzgeschäft (Confertainement) weiter. Zahlreiche Festangestellte, aber auch Saisonkräfte kommen aus dem Elsass.

Roland Mack, der mit seinem Bruder Jürgen die Geschäfte in unterschiedlichen Verantwortungsbereichen führt, zeigte einmal drastisch die Unterschiede zwischen deutschen und französischen Ferienjobbern auf: „Der Deutsche kommt mit dem Wagen des Vaters vorgefahren und seine erste Frage gilt dem Gehalt, der Franzose kommt mit einem Mobilette und fragt nach Arbeit." Der frankophile Roland Mack ist nicht nur deshalb überzeugt: „Durch die geografische Nähe zu Frankreich hat die deutsch-französische Freundschaft für den Europa-Park eine ganz besondere Bedeutung und wird jeden Tag aufs Neue gelebt."

Zielstrebige Arbeit zeichnet die Familie Mack von jeher aus, geht das Unternehmen doch auf Paul Mack und seine 1780 bestehende Wagnerwerkstatt im Drehorgelstädtchen Waldkirch zurück. Im Laufe ihrer Geschichte spezialisierte sich die Firma auf den Bau von Schaustellér- und Zirkuswagen, Karussellen, Geisterbahnen bis zu Auto-Skootern. Im Geschäftszweig der Firma Mack Rides werden heute noch Fahrattraktionen für Freizeiteinrichtungen in aller Welt gebaut. Bei einer Geschäftsreise, die Senior Franz Mack und sein Sohn Roland in die USA und nach Las Vegas führte, kam der spontane Gedanke, eine Ausstellungsfläche mit Fahrgeschäften für potenzielle Käufer einzurichten und diese auch dem Publikum zur „Erprobung" zur Verfügung zu stellen. 1975 wurde der Europa-Park in Rust eröffnet.

Einer der ersten Themenbereiche war das französische Viertel (Quartier français) mit einem Gässchen im elsässischen Stil sowie der Einrichtung von französischen Restaurants und Bistros mit Crêpes und anderen Köstlichkeiten. Landestypisch sind alle Restaurants eingerichtet, auch landestypisch die Speisen – insgesamt stehen den Gästen und Besuchern 10 000 Sitzplätze, davon ein Drittel im Freien, zur Verfügung.

Das fünfte 4-Sterne-Superior-Erlebnishotel Bell Rock im New England Style beherbergt nun mit dem Ammolite ein besonderes Restaurant. Peter Hagen, der aus Hard bei Bregenz stammt und in der Traube Tonbach und im Les Trois Rois in Basel arbeitete, konnte für „sein" erstes Restaurant als Küchenchef begeistert werden.

Von Anfang an bestimmte er zusammen mit Rolands Sohn Thomas, einem Absolventen der Hotelfachschule in Luzern, die baulichen Maßnahmen mit. Anstelle eines Vorstellungsgesprächs hatte Peter Hagen zuvor aber ein Essen für die ganze Familie zuzubereiten. Vor der Eröffnung des Restaurants konnte er fünf bekannte Weggefährten überzeugen, mit ihm zu arbeiten, was bei manchen schon Verwunderung auslöste. „Wir hatten wenig Hoffnung auf einen Stern, doch inzwischen haben wir zwei", schmunzelt er. Und: „Das Ammolite ist damit das einzige Sternerestaurant in einem Freizeitpark weltweit und sicher das einzige Sternerestaurant mit einem so hohen Kinderanteil."

ammolite

HOTEL
BELL
ROCK

Gänseleber in Birnen-Safransud mit Aal

VORSPEISE FÜR 4 PERSONEN
ZUBEREITUNGS- UND KOCHZEIT 4 STUNDEN

MARINADE 1 NACHT UND SAFRANSUD 5 STUNDEN ZIEHEN LASSEN

AALFILETS EINFRIEREN UND EBENSO LEBER VOR DEM SERVIEREN

ZUTATEN

GÄNSELEBER
250 g Gänseleber
2 g sel rose
4 g Salz
Weißer Pfeffer aus der Mühle
100 ml Traubensaft
100 ml weißer Portwein

BIRNEN-SAFRANSUD
1 kg Birnen
0,375 Liter Sekt
0,375 Liter Weißwein
20 g Zucker
½ Zimtstange
1 Sternanis
1 Nelke
0,5 g Safran

BIRNENGEL
100 ml Birnensafransud
1 g Gelan

BIRNEN-CHUTNEY
100 g getrocknete Birnen
30 g Passionsfruchtsaft
300 g Orangensaft

BIRNENRAGOUT ZUM FÜLLEN DER LEBERKUGELN
50 g Birnen in Brunoise
50 g Birnenmark
1 Esslöffel Birnensekt

AAL
1 Räucheraal
1 Teelöffel Petersiliencreme

AAL-TEE
500 ml Hühnerbrühe
5 Eiswürfel

ZUBEREITUNG GÄNSELEBER

Leber von den Adern befreien und in kleine Stücke brechen.

Traubensaft und Portwein auf die Hälfte einreduzieren. Leber mit Salz und Pfeffer würzen. Die erkaltete Reduktion darübergeben, vermengen und über Nacht marinieren lassen.

Leber ausdrücken, um überschüssige Marinade zu entfernen. Mit Hilfe von Frischhaltefolie eine Rolle mit 6 cm Durchmesser formen und diese nochmal in Aluminiumfolie einwickeln. Bei 63 °C 35 Minuten garen und in Eiswasser abschrecken.

ZUBEREITUNG BIRNEN-SAFRANSUD

Die Birnen raspeln. Sekt und Wein mit Zucker aufkochen. Safran und Birnen beigeben und nochmals aufkochen, dann Gewürze dazugeben und 5 Stunden ziehen lassen.

ZUBEREITUNG BIRNENGEL UND BIRNENRAGOUT

Alle Zutaten für das Birnengel verrühren und 1 Minute aufkochen und kaltstellen. Mixen, bis Masse ganz glatt ist, dann vakuumieren, bis sich keine Luft mehr darin befindet. Alle Zutaten für das Birnenragout vermengen.

ZUBEREITUNG BIRNEN-CHUTNEY

Die getrockneten Birnen kleinschneiden und zusammen mit dem Orangensaft aufkochen. Mit dem Passionsfruchtsaft abschmecken und erkalten lassen. Im Thermomix mit einem Teil der Flüssigkeit anmixen.

ZUBEREITUNG AAL

Den Aal filetieren. Ein Filet mit Petersiliencreme bestreichen. Beide Filets übereinanderlegen. Sehr straff in Frischhaltefolie einwickeln und einfrieren.

Den gefrorenen Aal so fein wie möglich (ca. 2 mm stark) aufschneiden.

ZUBEREITUNG AAL-TEE

Alle Abschnitte des Aals mit kalter Hühnerbrühe und den Eiswürfeln sehr langsam einmal aufkochen und ziehen lassen. Durch ein Küchenkrepp passieren.

WEITERVERARBEITUNG LEBER

Die fertige Leber in Halbkugelformen streichen. In der Mitte mit einem Kugelausstecher ein Loch ausstechen und dieses mit Birnenragout füllen. Jeweils zwei Halbkugeln zusammenkleben, mit einem Zahnstocher versehen, in den Tiefkühler stellen, die angefrorenen Kugeln durch das heiße Gelee ziehen.

Die Leber samt Zutaten auf einem Teller anrichten!

„Als Vorarlberger kenne ich die Situation kultureller Unterschiede und Gemeinsamkeiten in einer Grenzregion. Basis der Gerichte ist bei mir immer ein authentisches Produkt, das in der Küche nicht verfremdet werden darf. Ich suche deshalb nach alten Gemüse- und Obstsorten, um den Geschmack eines Gerichts noch besser entwickeln zu können. Und eine Gänseleber aus Frankreich mit Birnen vom Kaiserstuhl und einem Aal aus Norden ist schon eine besondere Mischung über alle Grenzen hinweg."
Peter Hagen

Rinderfilet mit Rotkohlsauce, Kerbelwurzel und Rotkohl-Cannelloni

HAUPTGANG FÜR 4 PERSONEN
ZUBEREITUNGS- UND KOCHZEIT 2 ½ STUNDEN

ZUTATEN

ROTKOHLSAUCE
1 Esslöffel Entenfett
1 Teelöffel Preiselbeeren
2 Schalotten
500 g Rotkohl
200 ml Rotwein
100 ml Portwein
500 ml Kalbsjus
Orangenschale einer halben Orange
Sternanis
Zimt
50 g Butter

RINDERFILET
500 g Rinderfilet pariert
Salz
Pfeffer
Öl
Weißbrotcroutons
Frittierte Petersilie

ROTKOHLGEL
200 ml Rotkrautsaft
2 g Gelan

KERBELWURZEL
4 Kerbelwurzeln
50 ml Mirin-Reiswein
½ Teelöffel Zucker

ROTKOHL-CANNELLONI
200 g Rotkohl
4 Rotkohlblätter (4 x 4 cm)

SALATDRESSING
Rotweinessig
Traubenkernöl
Orangenabrieb
Salz
Pfeffer

ZUBEREITUNG ROTKOHLSAUCE

Vier Rotkohlblätter auf die Seite legen. 300 g Rotkohl durch eine Saftpresse geben und den Rest Rotkohl und Schalotten in Streifen schneiden. Im Entenfett anschwitzen, mit Rotwein und Portwein ablöschen, Preiselbeeren, Sternanis, Zimt und Orangenschale zugeben. Mit Kalbsjus und Rotkohlsaft auffüllen und einkochen lassen. Dann Passieren und mit Butter montieren.

ZUBEREITUNG RINDERFILET

Das Rinderfilet würzen und in Öl anbraten. Im Ofen bei 165 °C ca. 12 Minuten garen, dann ruhen lassen. Mit Sauce einpinseln und in der Petersilie-Croutons-Mischung wälzen.

ZUBEREITUNG ROTKOHLGEL

Den Rotkohlsaft mit dem Gelan aufkochen, erkalten lassen, aufmixen und vakuumieren.

ZUBEREITUNG KERBELWURZEL

Die gewaschenen Kerbelwurzeln in Salzwasser ca. 3 Minuten ankochen. Den Zucker mit Mirin aufkochen, die Kerbelwurzeln damit einstreichen und bei 220 °C 10 Minuten garen.

ZUBEREITUNG ROTKOHL-CANNELLONI

Rotkohl klein schneiden und als Salat anrichten.

Die Rotkohlblätter blanchieren und anklopfen. Den Salat in die Blätter einwickeln und abglänzen. Mit einem Pinsel mit dem Dressing bestreichen.

ANRICHTEN

Das Filet portionieren und alle Zutaten auf einem Teller anrichten.

„Das Rezept für Rinderfilet ist schon etwas Arbeit, aber das ideale Gericht für einen Sonntag, wenn Besuch kommt. Rinderfilet kennt man hüben und drüben, im Elsass und in Baden, Rotkohl gibt's auch auf beiden Seiten und Kerbel ebenfalls – und trotzdem kann man mit dem Gericht seine Gäste überraschen, denn es wird in dieser Kombination zu etwas Besonderem. Hausmannskost im besten Sinne hat eben etwas Ehrliches, führt zu Genuss und erdet gleichermaßen."
Peter Hagen

Der Adler flog von der Schutter bis zur Ill und zur Seine

Die gesamte Adler-Familie mit Kerstin und Daniel Fehrenbacher, Otto und Pia Fehrenbacher aus Illhaeusern, Erika Fehrenbacher und ihren Urenkeln Melissa und Emil. Der Adler in Lahr-Reichenbach gilt nicht nur durch die badisch-elsässische Liaison als ein Hort gepflegter und raffinierter französischer Küchenkunst, die gerade auch mit diesem Haus in Baden Einzug hielt. Daniel Fehrenbacher setzt die Tradition mit eigener bunter Handschrift fort, die auch in der Farbgebung des Hauses Einzug gehalten hat.

Reichenbach liegt an der Schutter, wo einst der Holzverkauf neben der Landwirtschaft mit Tabakanbau ein wichtiger Erwerbszweig darstellte. Direkt neben dem Gebäude des Adlers war ein Holzlagerplatz eingerichtet, damit die Stämme auf das Lohrer Bähnle verladen werden konnten. Die Fuhrleute hatten wohl genauso viel Durst wie ihre Pferde, sodass man 1862 mit dem Betrieb einer kleinen Gastwirtschaft begann, dem bald eine Hausbrauerei folgte. Der Adler, der seit 1936 im Familienbesitz ist, diente mit seinem großen Saal als Wirtschaft für Veranstaltungen und Familienfeste. Auch Opa Otto Fehrenbacher war in der zweiten Generation im Holzhandel tätig, Oma Erika betrieb die kleine Gastwirtschaft, bis diese 1960 zum Haupterwerb wurde.

Ihr Sohn Otto machte eine Kochlehre im gleichnamigen Adler im Glottertal und arbeitete im Erbprinz in Ettlingen. Sagenumwoben war das Lokal nicht, weil es die Schildgerechtigkeit von Markgraf Karl Friedrich von Baden 1794 erhalten hatte, sondern weil dort jahrzehntelang die Familie Gietz wirkte. Sie brachte schon in den frühen 1950er Jahren die französische Küche nach Baden.

Otto Fehrenbacher erinnert sich, wie der Hausmeister Gänseleberpastete und andere Köstlichkeiten aus dem Elsass über die Grenze schmuggelte. Nach einer Station im Münchner Tantris vermittelte man ihn zu den Haeberlins in Illhaeusern. Doch der junge Fehrenbacher konnte kein Wort Französisch. Zum Glück wohnte ganz in der Nähe die Müllerstochter Pia, mit der die Kommunikation auf alemannisch gut klappte. Man blieb in Verbindung, trotz eines weiteren Aufenthalts beim Dreisternekoch Alain Chapel in Mionnay, bei dem auch Alain Ducasse arbeitete. Dass das deutsch-französische Verhältnis noch der Pflege bedarf, wurde ihm immer dann klar, wenn er auf dem Postamt eine Verbindung nach Reichenbach verlangte, ein Telefonat zu Pia ins Elsass wurde weitaus wohlwollender vermittelt.

1980 kam Otto Fehrenbacher zusammen mit Pia, die sich zwischenzeitlich an einer Hotelrezeption auf ihre Aufgabe im Badischen vorbereitete, zurück in den heimatlichen Adler, der daraufhin kräftig mit den Flügeln zu schlagen begann. In der bisher gutbürgerlich geführten Gaststube gab es nun zum Beispiel eine französische Fischwoche. Der im nahen Mahlberg wohnende Gastronomie-Kritiker Wolfram Siebeck pries das Haus in seinen Kolumnen.

Das Haus musste nun mit einem Hotel erweitert werden, da die Gäste auch von weither kamen und nicht mehr nach Hause fahren wollten. Pia kümmerte sich um die Gäste an der Rezeption sowie liebevoll um die Dekoration der Gasträume und wunderte sich über deutsche Ess- und Trinkgewohnheiten.

Die Deutschen nahmen ihr Sonntagsessen immer sehr schnell ein, die Franzosen blieben leicht bis um 16 Uhr sitzen. Und was war nur ein „Schorle" und ein „Vesper"? Wenn sie heute auch perfekt deutsch spricht, geht das Zählen immer noch auf Französisch. Sohn Daniel(-Otto) hat das Elsässische bei der Mutter („Maman horch emol") und das Französische bei der Verwandtschaft gelernt. So war es ihm möglich, nach Lehre und Arbeitsstellen im Landhaus Feckl oder in der Krone Herxheim auch in Illhaeusern zu kochen und sogar bei Alain Ducasse in Paris. „Da herrschte bei dreißig Köchen ein fast militärischer Drill", wundert sich Daniel noch heute.

An der Seine ist er aber nicht alleine: Bei seinem Zivildienst im Herzzentrum in Lahr hatte er die OP-Schwester Kerstin kennen und lieben gelernt. Sie besuchte morgens Sprachkurse und arbeitete danach in einem Seniorenheim. Nach der gemeinsamen Rückkehr nach Lahr legte sie noch erfolgreich die Prüfung als Restaurantfachfrau und als Sommelière ab. Und mit ihren Kindern Melissa und Emil, der im Zweitnamen natürlich Otto heißt, steht schon die fünfte Generation in den Startlöchern.

Reibungslos und fast unsichtbar erfolgte der Wechsel von Vater Otto, der einmal im Monat noch Kochkurse anbietet, zu Daniel, wenn auch beide Familien weiter im Betrieb präsent sind. Sichtbar hingegen ist jedoch, was Daniel Fehrenbacher an beeindruckend kreativen Ideen in den Restaurantumbau gesteckt hat. Es gibt immer noch einen Stammtisch und eine Bar. Doch in der großzügigen Gaststube und im abgetrennten Gourmet-Restaurant dominiert eine grün-rote Farbgebung und bietet einen herrlichen Kontrast zum Holz. Die Fehrenbach'sche Kochkunst der Drei-Aromen-Philosophie – süß, salzig, sauer – findet hier ihre ideale äußere Entsprechung.

Auf der Fotogalerie im Gang sieht man, welch bekannte Persönlichkeiten hier schon tafelten. Selbst Papst Benedikt wurde bei seinem Deutschlandbesuch auf dem Lahrer Flugplatz vom Adler verköstigt.

HOTEL

Langostinos mit Butternutkürbis und Yuzu

VORSPEISE FÜR 4 PERSONEN
VORBEREITUNGS- UND KOCHZEIT 1 STUNDE

ZUTATEN

8 Langostinoschwänze
Geklärte Butter zum Braten
½ Butternutkürbis
200 ml Gemüsebrühe
25 ml Yuzusaft
2 Esslöffel Crème fraîche
Salz
Pfeffer
3 Schalotten geschält
½ Liter Weißwein
200 g Butter
Etwas Blutampfer oder Kresse zur Dekoration

ZUBEREITUNG BUTTERNUTKÜRBIS

Den Butternutkürbis schälen und entkernen. Mit einem Kugelausstecher acht Kugeln ausstechen. Das restliche Fruchtfleisch in kleine Würfel schneiden. Die Kugeln in etwas Salzwasser kurz blanchieren. Die Kürbiswürfel mit einer gewürfelten Schalotte in etwas geklärter Butter anbraten, mit Brühe ablöschen und zugedeckt weich schmoren. In den Mixer geben und mit Yuzusaft, Crème fraîche, Salz, Pfeffer zu einem glatten Püree mixen.

ZUBEREITUNG SAUCE

Zwei Schalotten in geklärter Butter anschwitzen und mit dem Weißwein ablöschen. Einreduzieren auf die Hälfte und mit frischer Butter aufmixen. Mit Salz und Pfeffer abschmecken.

ZUBEREITUNG LANGOSTINOS

Die Langostinoschwänze würzen und anbraten. Die Kürbiskugeln ebenfalls anschwitzen und mit dem Püree anrichten. Die Sauce aufmixen und mit etwas Blutampfer oder Kresse dekorieren.

„Mein Vater hat die klassische französische Küche in den Adler mitgebracht und auch meine Mutter“, sagt augenzwinkernd Daniel Fehrenbacher, „doch versuche ich auf dieser Basis meine eigenen Ideen zu verwirklichen. Ich koche schon gerne mit heimischen Produkten, doch manchmal muss man eben auch über den Kochtopf hinausschauen, was es sonst noch in der Welt an guten Sachen gibt – deshalb diese etwas ausgefallene Kreation von mir!“

Rehfilet mit Mango, Kastanien und Preiselbeeren

HAUPTGANG
FÜR 4 PERSONEN
VORBEREITUNGS- UND KOCHZEIT 1 STUNDE 45 MINUTEN

ZUTATEN

½ Rehrücken ausgelöst
100 g Kastanien
1 Teelöffel Honig
1 Mango
40 g Preiselbeeren

REHSOSSE
Etwas Olivenöl
Butterschmalz
Rehknochen
Brühe
Salz
Pfeffer
Gewürzsalz
Kresse zur Dekoration

ZUBEREITUNG

Das Rehfilet würzen und in einem Vakuumbeutel einschweißen. Im Wasserbad bei 58 °C 15 Minuten pochieren. Anschließend in der Pfanne mit Butterschmalz von allen Seiten rösch anbraten.

Die Kastanien ebenfalls in Butterschmalz anbraten. Würzen, Honig zugeben, mit Brühe ablöschen und bei schwacher Hitze garen lassen.

Die Mango schälen und in Stücke schneiden, mit etwas Olivenöl marinieren und warmstellen.

Mit den Rehknochen eine Soße ansetzen und diese zum Schluss mit Preiselbeeren verfeinern.

ANRICHTEN

Das Rehfilet aufschneiden und mit etwas Gewürzsalz bestreuen. Mango, Kastanien und Preiselbeersoße auf den Teller geben und mit etwas Kresse dekorieren.

Dazu passen sehr gut handgeschabte Spätzle (siehe Rezept unter Ferme-Auberge Chalet Pierre).

„Mein Großvater Otto Fehrenbacher hat mich schon als kleiner Bub immer mit auf die Jagd genommen, er hat mir das waidgerechte Jagen beigebracht. Ich koche deshalb auch gerne Wildgerichte und verlasse auch da etwas die eingefahrenen und bekannten Rezepte, indem ich das Wild immer wieder einmal mit etwas Exotischerem kombiniere – unsere Gäste schätzen die kulinarische Überraschung!“
Daniel Fehrenbacher

Die Route du Chocolat führt zum Schloss Staufenberg in Durbach

Das exotische und aufwändig hergestellte Luxusprodukt aus kolonialen Zeiten, das zu Anfang als Getränk genossen wurde, erlangte erst im frühen 19. Jahrhundert seine heute bekannte Form als Tafelschokolade und Schoko-Praline. Eine traditionelle Verarbeitung beherrschen nicht mehr viele. Doch in der Chocolaterie von Jutta und Bernd Danner auf Schloss Staufenberg entstehen süchtig machende Köstlichkeiten mit unverfälschtem Geschmack. Diese werden auch mit Weinen des Markgräflichen Schlosses oberhalb von Durbach hergestellt. Nachdem man die köstlichen Leckereien genossen hat, kann man sich am herrlichen Weitblick über die Rheinebene bis hin zum Straßburger Münster erfreuen.

Von der Schokoladenseite betrachtet, gehören die aus Erfurt stammende Konditorin und Geschäftsführerin Jutta und ihr Mann, der Chef-Pâtissier, Chocolatier und Confiseur Bernd Danner aus Kehl, mit ihrer Chocolaterie auf dem markgräflich-badischen Schloss Staufenberg voll und ganz zum Elsass und zu Frankreich.

Der Grundstoff zur Herstellung feiner Schokoladen und Pralinen stammt nämlich seit über zehn Jahren aus dem berühmten Weinort Tain-L'Hermitage an der Rhône. Neben seinen hundertdreißig Hektar berühmten Weinlagen Hermitage und Crozes-Hermitage befindet sich direkt am Eingang der Stadt auch das Schokoladenunternehmen Valrhona. Seit 1922 besteht das Unternehmen, das vor allem für Patissiers und Konditoren hochwertige Schokoladen-Drops aus unterschiedlichen Anbaugebieten und Lagen zur Weiterverarbeitung herstellt, aber auch Schokolade für den direkten Verzehr. In der seit einigen Jahren bestehenden Cité du Chocolat kann der Besucher auf eine beeindruckende Entdeckungsreise in die Welt der Schokolade gehen und in den Besucherateliers sogar selbst Hand anlegen.

Auch bei der Confiserie Danner im Verkaufs- und Produktionsschauraum auf Schloss Staufenberg kann man seit 2011 der Fabrikation von Pralinen im kleinen Maßstab zusehen. Danners bieten für Erwachsene auch einen Kurs zur Herstellung einer Trüffelpraline an. Beim Kindergeburtstag der Kinder im Alter von fünf bis zehn Jahren werden Kekse und eine eigene Schokolade hergestellt. Zum krönenden Abschluss gibt es dann eine heiße Schokolade.

Bernd Danners Vater Richard war Konditor aus Pirmasens und betrieb mit seiner Frau in der Kehler Rheinstraße ein gutgehendes und bekanntes Café, das sein Sohn dann 2014 aufgab, um sich voll und ganz der Patisserie, Confiserie und Chocolaterie sowie der Eisherstellung zu verschreiben. Und dies in einer anerkannten Spitzenklasse. Bernd Danner hatte 2007 beim Coupe du Monde de la Pâtisserie in Lyon einen beachtlichen 5. Platz für ein Schokoladenschaustück und ein Tellerdessert erreicht – 2012 wurde er von seinen „Kollegen" der Confrèrie des Chocolatiers de France feierlich zum Chocolatier geschlagen.

Die Route du Chocolat et des Douceurs d'Alsace führt auch auf das Schloss Staufenberg im Badischen und zu den Danners. Die elsässische Schokoladenstraße wurde 2007 gegründet, ihr gehören an die vierzig Chocolaterien und Patisserien an. Im Elsass hat die Schokoladenherstellung eine lange Tradition, die mit der Nähe zur Schweiz begründet wird. Ein Handwerk, das nur noch wenige „richtig beherrschen", da man nur auf der Basis von in kleinen Mengen korrekt conchierter Schokolade mit viel zeitlichem Aufwand eine cremig-schmelzende Schokolade herstellen kann, so wie es eben Valrhona praktiziert. Die Danners beziehen von dort jährlich einige Tonnen, die sie weiterverarbeiten.

Bernd Danner war zur Ausbildungszeit in Saint-Germain-en-Laye, London und Luzern. Vor allem in Frankreich hat er erlebt, wie man noch alle Bestandteile einer Schokolade, einer Praline selbst hergestellt hat. In der Produktionsstätte in Kehl-Marlen werden nicht nur schokoladige Leckereien hergestellt, dort stehen in der Eismanufaktur auch Eiskreationen auf dem Programm. Vierzehn unterschiedliche Eisvariationen, wie ein Eis auf der Basis einer Crème brûlée oder ein Weinberg-Pfirsich-Sorbet, verzaubern besonders an heißen Tagen.

Die Weinbergpfirsiche gedeihen an den steilen Abhängen des Schlosses Staufenberg, das sich wie das Schloss Salem seit Jahrhunderten im Besitz der Markgrafen von Baden befindet. Hier hat man einen weiten Blick über die Rheinebene und den Rhein bis nach Straßburg und zu den Vogesen. Es war Markgraf Carl Friedrich von Baden, der 1782 im Gewann Klingelberg ausschließlich Riesling in Reinkultur anpflanzen ließ und damit die Tradition des Klingelbergers begründete. Er führte 1780 schon die Gutedeltrauben aus Vevey am Genfer See in das Markgräflerland ein. Die Weine des VDP-Prädikatweinguts lassen sich, zusammen mit passenden Schokoladen von Jutta und Bernd Danner, in der neugestalteten Vinothek verkosten.

Verveine (Eisenkraut) - Orange-Praline

FÜR 100 STÜCK
VORBEREITUNGS- UND KOCHZEIT 2 ½ STUNDEN
1 TAG RUHEN LASSEN

ZUTATEN

ORANGEN-GELEE
55 g Blutorangensaft
5 g Apfel-Pektin
22 g Puderzucker
200 g Zucker
45 g Glukose trocken
5 g Zitronensäure
2 Tropfen Orangenöl
165 g Blutorangensaft

SCHOKOLADENFÜLLUNG MIT VERVEINE UND ZWEIFACH FERMENTIERTER MADAGASKARSCHOKOLADE
180 g Blutorangensaft
20 g Bio-Verveine in Blättern
35 g Orangenblütenhonig
300 g Mananka von Valrhona mit Orangen fermentiert
65 g Butter
15 cl Cointreau

MILCHKUVERTÜRE

Mit 35-45 % (oder 60-70 %) Kakaogehalt für die Verveine-Orangen-Praline

ZUBEREITUNG ORANGEN-GELEE

Vorbereitungs- und Kochzeit 30 Minuten

55 g Orangensaft erwärmen, Apfelpektin und Puderzucker mischen und in den Saft einrühren. Dann den Zucker, 2 Tropfen Orangenöl und 165 g Saft dazugeben und auf 107 °C kochen. Auf einer Backfolie (20 x 20 cm) zügig und fein (ca. 1 mm hoch) verteilen.

Verveine-Schokoladen-Füllung ca. 8 mm stark auftragen, wenn das Fruchtgelee ausgekühlt ist.

ZUBEREITUNG SCHOKOLADENFÜLLUNG MIT VERVEINE UND MADAGASKARSCHOKOLADE

Vorbereitungs- und Kochzeit 1 Stunde

Orangensaft mit Honig und Verveine-Tee-Blättern aufkochen und 10 Minuten ziehen lassen, absieben und noch heiß über die gehackte Mananka-Schokolade von Valrhona oder eine andere fruchtige Schokolade mit ca. 65 % Kakaogehalt gießen. Mit dem Rührlöffel verrühren. Wenn eine glatte, glänzende Masse entstanden ist, die weiche Butter und den Cointreau einrühren. Bei 20 °C auf das Orangengelee streichen und bei Zimmertemperatur einen Tag stehen lassen.

Am nächsten Tag in 2,5 cm große Quadrate schneiden, mit temperierter Vollmilch-Kuvertüre mit der Pralinengabel dünn überziehen.

ZUBEREITUNG TEMPERIERTE MILCHKUVERTÜRE

Auflösen der Kuvertüre bei 48 °C (bzw. 54 °C) ein Drittel in der Schüssel behalten und zwei Drittel auf einer Steinplatte gleichmäßig auf 27 °C unter ständiger Bewegung abkühlen, bis sie eine pomadige Konsistenz erhält. Dann zurück in die Schüssel mit der noch heißen Kuvertüre geben.

Das Ganze gut verrühren und auf 31 °C (bzw. 32 °C) Verarbeitungstemperatur anwärmen.

„Genuss ist, wenn die Sinne, Form, Textur und Temperaturen in einer Geschmacks-Explosion verschmelzen, so wie bei dieser Verveine-Orangen-Praline. Mit dem guten Geschmack halten wir es wie Oskar Wilde: Man nehme von allem nur das Beste, dabei bleibt die Quelle unserer Kreativität immer das Elsass und Baden."
Bernd Danner

Badische Klingelberger Brut-Trüffel

FÜR 60 STÜCK
VORBEREITUNGS- UND KOCHZEIT 2 STUNDEN
1 TAG RUHEN LASSEN

ZUTATEN

100 g Sahne (35 % Fettanteil)
30 g Akazienhonig
50 g Klingelberger Riesling Sekt Brut
160 g Ivoire 35 % (Valrhona)
100 g Tanariva 33 % (Valrhona)
40 g Butter
40 g Marc vom Riesling
420 g Trüffelhohlkörper

ZUBEREITUNG BRUT-TRÜFFEL

Die Sahne mit dem Akazienhonig aufkochen. Den Klingelberger Brut Sekt dazugeben und noch heiß über die gehackte Schokoladen gießen. Mit dem Rührlöffel vollständig verrühren.

Wenn eine glatte, glänzende Masse entstanden ist, die weiche Butter und den Trester/Marc vom Klingelberger Riesling Markgraf von Baden unterrühren. Bei 25 °C in vorgefertigte Trüffelhohlkörper einfüllen. Bei Zimmertemperatur einen Tag stehen lassen.

Am nächsten Tag verschließen und mit temperierter Vollmilch-Kuvertüre dünn überziehen und rundum in Puderzucker wälzen. Anschließend die Trüffel mit einem Sieb vom überschüssigen Puderzucker absieben.

WEISSE VOLLMILCH-KUVERTÜRE
FÜR DIE BADISCHE BRUT-TRÜFFEL

Auflösen der Kuvertüre bei 45 °C. Von der Kuvertüre ein Drittel in der Schüssel behalten und zwei Drittel am besten auf einer Steinplatte gleichmäßig auf 26 °C und unter ständiger Bewegung abkühlen, bis sie eine etwas pomadige Konsistenz hat. Dann die Masse zurück in die Schüssel mit der noch heißen Kuvertüre geben. Nochmals gut verrühren und auf ideale 31 °C Verarbeitungstemperatur anwärmen.

„Meine Lieblingsspezialität sind Trüffel aus Wein und besten Lagenschokoladen. Wir haben hier auf Schloss Staufenberg die ideale Situation, dass der Wein des Weinguts Markgraf von Baden am Schlossberg wächst. Hier wächst und gedeiht der Klingelberger, wie der Riesling in der Ortenau heißt. Eine Schokolade aus Frankreich und ein Wein aus Baden – das ist doch eine tolle Geschmackskombination!“
Bernd Danner

Auf der Straßburger Straße kommt man in beiden Richtungen ins Elsass

Ein Elsässer Chef heiratet in einen badischen Traditions-Gasthof ein – Jean-Luc Ohlmann und Eugenie Braun-Ohlmann haben aus dem Rebstock ein besonderes Schmuckstück gemacht. Im Service hat sie alles im Blick und dabei immer ein Lächeln und einen munteren Spruch auf den Lippen. Während Eugenie für bunten Blumenschmuck und die Dekoration im Rebstock sorgt, beschert seine Kochkunst dem Rebstock eine dauernde Blüte. Über allem wacht im Herrgottswinkel eine Statue der Muttergottes mit dem symbolhaltigen Rebstock.

Jean-Luc Ohlmann heißt der Elsässer, der zusammen mit seiner Frau Eugenie Braun-Ohlmann den Traditions-Gasthof zum Rebstock samt Hotel betreibt. Dass er aus dem nahen Elsass stammt, ist nicht mehr zu hören – sprachlich hat er sich dem heimischen Dialekt völlig angepasst. Der junge Jean-Luc, der aus Weitbruch in der Nähe von Haguenau stammt, ging mit fünfzehn in eine Kochlehre in das in Brumath zentral gelegene Restaurant Ville de Paris, das 1901 gegründet wurde.

In Windeseile legte er in zwei Jahren die Prüfung ab und ging mit siebzehn Jahren nach Bonn. Dort gab es das seit 1975 mit französischen Produkten geführte Restaurant Chez Loup des legendären Kochs Karl-Heinz Wolf, der seinen Familiennamen einfach ins Französische übersetzte. Das Promi-Restaurant in der ehemaligen Bundeshauptstadt war eines der ersten in Deutschland mit einem Michelin-Stern und wurde u. a. mit frischen Trüffeln, Fisch und Meeresfrüchten aus Paris versorgt, die Wolf unter erheblichen Zoll-Schwierigkeiten nach Deutschland einführte. Kurzerhand und um alle Schwierigkeiten los zu sein, gründete er die Firma Rungis-Express, die heute alle gehobenen Restaurants mit französischen Produkten beliefert.

Danach wechselte Ohlmann für elf Jahre in die Schweiz und gelangte dort vom Tessin und der italienisch geprägten Küche in die Schweizer Berge, nach Grindelwald und St. Moritz. Überall arbeitete er in erstklassigen Häusern und überall perfektionierte er sich auch sprachlich, ob Französisch, Schwyzerdütsch, Englisch oder Italienisch. Die deutsche Sprache wird in St. Moritz auch aus dem Grunde wichtig, da er dort Eugenie trifft, die sich vom beschaulichen Oppenau für zehn Jahre in die Schweizer Gastronomie aufmacht.

Zuhause war der Rebstock ein Gesamtkunstwerk aus einem Landwirtschaftsbetrieb, einer Gaststube und einer von sieben Bäckereien, die es in Oppenau gab. Sie war bis 1980 in Betrieb und in ihr wird immer noch ein Großteil der Backwaren für das Restaurant hergestellt. Das Fachwerk-Anwesen, in dem die gelernte Restaurantfachfrau Eugenie zuvor in der Küche und im Service arbeitete, ist nun seit 1856, seit fünf Generationen in der Hand der Familie Braun. Eugenies Eltern Rita und Willi Braun führen den Betrieb schon seit 1954, bis 1950 war das Haus die Offiziersmesse der französischen Armee.

In zwei benachbarten Vier-Sterne-Hotels arbeiteten Jean-Luc und Eugenie. Heute noch muss sie über ihre dortigen Anfänge in der Spitzengastronomie schmunzeln – bei manchen Bestellungen wusste sie zu Anfang nicht, ob das etwas zum Essen oder zum Trinken war ... Gemeinsam kehren beide im April 1989 aus der Schweiz zurück, empfangen mit dem Spruch: „So, isch des jetzt der Waggis?" Vier Jahre später übernehmen sie den Betrieb. Der „Waggis" machte sich mit einer ehrlichen und bodenständigen Küche schnell einen Namen, indem er elsässische Spezialitäten (Schneckensüpple) mit badischer Küche (Forellen) anbot. Doch prinzipiell meint er, die elsässische Küche solle man lieber im Elsass essen, deshalb gibt es nur wenige Elsässer Gerichte, so wie z. B. den Flammkuchen.

Sie verändern nach und nach die Restauranträume, schaffen das heimelige Pappelstüble, richten fünfzehn Hotelzimmer liebevoll ein, gestalten den langen Flur neu und sorgen für eine bauliche Veränderung durch eine Überdachung der Holzbrücke über den Lierbach, der das Restaurant und einen Teil des Hoteltrakts miteinander verbinden und zu dessen Ufern eine lauschige Terrasse führt.

Die Brücke wurde zum Glück nach dem Jahrhunderthochwasser der Rench und ihrer Zuflüsse erstellt, das dadurch ausgelöst wurde, dass am 27. Juni 1994 in nur neunzig Minuten 177 ml Regen auf einen Quadratmeter fielen – Erdrutsche und die Wassermassen zogen eine Schneise der Verwüstung durch den Ort.

Es dauerte eine Zeit, bis die Wasserschäden behoben waren, doch eine treue, auch und gerade aus dem Elsass stammende Kundschaft dankt ihm ungebrochen für seinen Einsatz und ihr für den umsichtigen Service. Elsässer feiern hier oft ihre Familienfeiern wie Geburtstage oder Hochzeitstage oder kehren zum Wochenende gerne ein, wo sie etwas anderes als zuhause auf den Tisch bekommen. Dann werden sie von dem Hauscocktail „Eugenie" aus Blutorangenlikör, Orangensaft und einem Oberkircher Sekt empfangen, bis sie dann meist zum Abschluss des ausgiebigen Mahls noch ein Bier bestellen, um dann wieder Richtung Heimat zu fahren. Die Straßburger Straße führt also wirklich auf beiden Seiten in Richtung Elsass!

Und wer weiß, vielleicht wird der talentierte Sohn Fabrice, der gerade im renommierten Hotel Bareiss eine Lehre absolviert, in sechster Generation den Rebstock weiterführen?

HOTEL
GASTHOF-PENSION
Rebstock
Moninger

Charentais- oder Cantalous-Melone mit Schwarzwälder Schinken

VORSPEISE FÜR 4 PERSONEN
ZUBEREITUNGSZEIT 20 MINUTEN

ZUTATEN

1 reife Melone
8 dünne Scheiben Schwarzwälder Schinken
Blattsalate
Balsamico-Crème

Melone halbieren und entkernen, dann in Spalten schneiden und auf gekühlten Tellern auffächern. Anrichten mit original Schwarzwälder Schinkenscheiben, mit Blattsalaten garnieren und die Balsamico-Crème darüberträufeln.

Geräuchertes Forellenfilet an Sahnemeerrettich und lauwarme Pfifferlinge

VORSPEISE FÜR 4 PERSONEN
ZUBEREITUNGS- UND KOCHZEIT 30 MINUTEN

ZUTATEN

4 geräucherte Forellenfilets
400 g geputzte Pfifferlinge
200 ml Sahne
40 g frischer Meerrettich, gerieben
1 Esslöffel Butter
1 Esslöffel Kapern
Dill, Schnittlauch, Salz, Pfeffer
4 Zitronenscheiben

Pfifferlinge in Butter anschwenken und mit Salz, Pfeffer und etwas gehacktem Schnittlauch würzen.

Die geschlagene Sahne mit dem geriebenen Meerrettich unterheben und mit Salz und Pfeffer würzen.

Die Haut von den Forellenfilets abziehen und die Filets auf den Tellern anrichten. Mit Zitronenscheiben, Kapern, Pfifferlingen umlegen. Den Sahnemeerrettich in Schälchen füllen und mit Dill ausgarnieren.

„Wenn es einmal schnell gehen muss, hier gleich zwei Vorschläge für eine gute Vorspeise. Ich bereite gerne fangfrische Forellen zu, denn die kommen aus unserem Bach … In der Schweiz hatte ich Hummer und andere Spezialitäten zubereitet – jetzt sind es Forellen. Für mich ist nicht der Preis eines Produkts entscheidend, sondern seine Qualität und die ist hier gegeben."

Jean-Luc Ohlmann

Forellenfilets gebraten an Riesling-Sauce mit Butternüdelchen

HAUPTGANG FÜR 4 PERSONEN
ZUBEREITUNGS- UND KOCHZEIT 1 STUNDE

ZUTATEN

4 Forellenfilets à 150 g
4 Black Tiger-Garnelen
4 Miesmuscheln
5 cl Riesling
10 cl Fischfond
10 cl Crème fraîche
300 g dünne Nudeln
4 Zitronenscheiben
Butter, Salz, Pfeffer, frischer Dill

Die Forellenfilets mit Salz und Pfeffer würzen und auf beiden Seiten ca. 5 Minuten in Butter ausbraten, ebenso nacheinander die gewürzten Garnelen und die Muscheln. Alles warm stellen und in einem Töpfchen den Fischfond, den Riesling und die Crème fraîche auf kleiner Flamme einreduzieren lassen und würzen.

Inzwischen die Nudeln kochen.

Auf den vorgewärmten Tellern die warmen Forellenfilets platzieren und einen Soßenspiegel nach eigenen Vorstellungen und Geschick anlegen sowie die Garnele und die Muschel dazugeben.

Dann die gekochten Nudeln mit etwas Butter abschmelzen und diese ebenfalls auf dem Teller anrichten und am Schluss mit Dill und den Zitronenscheiben ausgarnieren.

„Der Rebstock ist unter anderem bekannt für seine fangfrisch zubereiteten Forellen-Gerichte. Für einen kleinen Zwischengang eignen sich hervorragend unsere hausgemachten Bretzeln – oder Bretschel, wie man hier sagt. Besonders am Sonntag sind diese sehr beliebt. Wenn es in der nahen Kirche zur Wandlung läutet, muss ich sie warm stellen, dann haben sie genau die richtige Temperatur, wenn die Leute aus der Kirche in den Rebstock kommen.“

Jean-Luc Ohlmann

Badisch-elsässisches Verwöhnprogramm in der Ortenau

Die Familien Schmiederer und Herrmann stehen für eine typisch Schwarzwälder Hotel-Erfolgsgeschichte. Aus bescheidenen Anfängen wächst das Haus kontinuierlich und zieht neben einer wachsenden Gästeschar von diesseits und jenseits des Rheins auch motivierte Mitarbeiterinnen und Mitarbeiter an. Sabine und François Ritter im Service, der Sommelier Christophe Meyer und in der Küche Caroline Schenk stehen für den elsässisch-französischen Anteil im Relais & Châteaux Hotel Dollenberg.

Sieht man Fotografien der kleinen Pension, die die Eltern von Meinrad Schmiederer und seiner Schwester Ulrike begründet hatten, und daneben ein Bild des heutigen Hotelkomplexes, kommt man aus dem Staunen nicht mehr heraus. Drunten im Tal liegt Bad Peterstal-Griesbach, dessen heilkräftige Quellen Kurgäste anzogen und für die Gründung von Mineralbrunnen verantwortlich waren. Den wandernden Kurgästen bot Vater Schmiederer ab und an ein Bier aus seiner Flaschenbierhandlung an und richtete dann eine kleine Ausflugsgaststätte mit drei Außentischen ein, die sogar zur Pension mit einem kleinen Schwimmbad ausgebaut wurde.

Meinrad Schmiederer wollte als Koch die Welt erobern und raus aus dem engen Tal. Auf seine Kochlehre folgten die Ausbildung zum Hotelkaufmann und ein Studium der Betriebswirtschaft. Nur für kurze Zeit wollte er den elterlichen Betrieb führen – sah aber bald dessen Grenzen erreicht. Kurzerhand ließ er das elterliche Haus abreißen und den Kern der heutigen Hotelanlage erbauen, sodass das Fünf-Sterne-Haus seit 1996 zu den Relais & Châteaux Hotels gehört. Bis 1991 stand Meinrad Schmiederer selbst hinter dem Herd. Früh erkannte er das Talent seines Lehrlings Martin Herrmann, sodass er die Aufgabe der Küche bald an ihn übergeben konnte.

Martin Herrmann wurde als Mann seiner Schwester zudem sein Schwager. 1998 leuchtete schon der erste Stern über dem eingerichteten Gourmetrestaurant Le Pavillon, aus dem inzwischen zwei geworden sind. Martin Herrmann ist sich seiner französisch inspirierten Küchenlinie von Anfang an treu geblieben und veranstaltet jeden Dienstag eine Küchenparty, bei der sich Gäste zum Schmausen in der Küche versammeln.

Ihm zur Seite steht seit drei Jahren die resolute und humorvolle Caroline Schenk, die aus Wissembourg stammt. Sie lernte ihr Handwerk im Cheval Blanc bei Fernand Mischler in Lembach, arbeitete im Crocodile und war bei Anne-Sophie Pic. „Wir kochen hier eine große Bandbreite an Gerichten vom Wiener Schnitzel bis zum Hummer“, meint sie.

Der französische Touch wird im Restaurant beibehalten – denn die Speisen werden vom „maître d'hôtel“ und 2013 als besten Oberkellner Deutschlands ausgezeichneten François Ritter und seiner Frau Sabine zusammen mit dem Servicepersonal an den Tisch gebracht.

Beide haben sich im Casino von Niederbronn im Elsass kennen gelernt und da in Frankreich schlechtere Verdienstmöglichkeiten herrschten, orientierte man sich 1993 ins Badische. François Ritter, der auch im Straßburger Crocodile gearbeitet hatte, war zuerst über die deutschen Servicegegebenheiten entsetzt, denn da bediente man in Sandalen und ein Brotkörbchen gab es auch nicht.

Ein heiteres Ratespiel nach seiner Herkunft löst auch immer der hochgewachsene Sommelier Christophe Meyer mit seinem vornehmen Auftreten eines englischen Gentlemans aus. Leicht zu erraten, er ist Elsässer aus Straßburg-Robertsau, besuchte die Hotelfachschule in Illkirch und wollte zuerst Koch werden. Der Wein nahm in seinem Leben aber eine immer größere Rolle ein, besonders nachdem er schon mit fünfzehn (!) Jahren ein Praktikum in Beaune ablegte und danach Weinetiketten sammelte. Praktika in allen Weingegenden Frankreichs folgten und seine Tätigkeit im Service spezialisierte sich hin zur Aufgabe des Sommeliers. Er arbeitete auf Drei-Sterne-Niveau im Crocodile (wo sonst?), in der Champagne, in Italien, im Parkhotel Bremen und lernte bei einem Ferienaufenthalt in Südfrankreich seine Frau kennen, die aus Achern stammt. In der Nähe sollte seine Arbeitsstelle sein, die er nun seit fast zehn Jahren auf dem Dollenberg innehat. Meinrad Schmiederer vertraute ihm den Schlüssel zum Weinkeller an und gab ihm freie Hand. In „seinem“ Weinkeller mit vierhundert Positionen kennt Christophe jede Flasche. Einmal im Jahr besucht er Winzer, um sein Weinwissen aufzufrischen. Auch ist er offen für Weine aus unbekannteren Regionen, wie Georgien oder der Türkei, und jeden Samstag führt er mit einer Verkostung Hausgäste durch den Keller. „Jeder Wein hat eine Identität und eine Geschichte – und die versuche ich dem Gast im Gespräch nahezubringen, damit er eine für ihn passende Weinauswahl zu seinem Gericht treffen kann.“ Nicht nur für die Weinauswahl, sondern auch zur Beratung aller anderen Getränke ist er zuständig, selbst Zigarren gehören zu seinem Ressort. Die Frage nach seinem Lieblingswein kann nicht ausbleiben: „Elsässer Riesling“, sagt er, „aber auch Burgunderweine, aus Frankreich und aus Baden“, wobei sich zahlreiche renommierte Winzer der Gegend auf der Weinkarte finden. Nicht verwunderlich, dass Christophe Meyer 2015 zum Sommelier des Jahres in Deutschland gewählt wurde.

Gänsestopfleberterrine mit Kakao- und Birnengelee

VORSPEISE FÜR 4 PERSONEN
ZUBEREITUNGS- UND KOCHZEIT 3 STUNDEN

ZUTATEN
300 g Gänsestopfleber
Frische Brioche

KAKAOGELEE
700 ml Kakaolikör
5 Blatt Gelatine

BIRNENGELEE
500 g Birnenmark
5 Blatt Gelatine
16 reife Birnenkugeln

ZUBEREITUNG GÄNSESTOPFLEBERTERRINE

Die Gänsestopfleber in eine Form drücken, auf 2 cm Höhe, dann 100 g Birnengelee darin aufgießen und kaltstellen.

Das restliche Püree kaltstellen. Wenn es abgekühlt ist, mixen. Den Kakaolikör in derselben Stärke aufgießen und wieder kaltstellen. Das restliche Gelee auch mixen und bereitstellen.

ZUBEREITUNG KAKAOGELEE

Den Likör 3 bis 4 Minuten kochen lassen und die Gelatine darin auflösen und abkühlen lassen.

ZUBEREITUNG BIRNENGELEE

Das Birnenmark erhitzen. Die eingeweichte Gelatine darin auflösen und abkühlen lassen (sollte jedoch nicht fest werden).

Eine geschälte Birne mit einem Kugelausstecher rund ausstechen. In das Birnenpüree legen und ca. 2 Stunden eingelegt lassen.

Gänsestopfleberterrine in ca. 1,5 cm auf 3 cm Stücke schneiden und kaltstellen.

ANRICHTEN

Das Birnenpüree mit je 4 Birnenkugeln auf einem Teller anrichten. Kleine Punkte des gemixten Kakaogelees danebensetzen.

Je Stück Gänsestopfleber auf einen Teller setzen und dazu frische Brioche reichen.

„Das Rezept habe ich ausgesucht, da es meiner Philosophie entspricht, die ganz stark von der französischen Küche beeinflusst ist. Und dort gilt eine Gänsestopfleber fast schon als Grundnahrungsmittel. Wir schauen aber immer darauf, unsere Produkte von Produzenten zu beziehen, von denen wir wissen, dass sie korrekt arbeiten und den Tieren kein Leid zugefügt wird. Das Gericht ist eine schöne Mischung aus heimischen, französischen und exotischen Geschmacksnoten, man muss immer über den Tellerrand hinausschauen.“

Martin Herrmann

Gebratenes Wolfsbarschfilet auf Chorizostampf mit Paellasud und gegrilltem Lauch

HAUPTGANG FÜR 4 PERSONEN
ZUBEREITUNGS- UND KOCHZEIT 2 ½ STUNDEN

ZUTATEN
4 Filet Wolfsbarsch (loup de mer) à 120 g
3 Esslöffel Olivenöl
16 Minilauch

CHORIZOSTAMPF
200 g Grenaille-Kartoffeln
1 Chorizo
20 g Butter
Salz

PAELLASUD
100 g weiße Champignons
1 Schalotte
1 Knoblauchzehe
1 rote Paprika
1 Fleischtomate
50 g geschnittene Chorizo
500 ml Muschelfond
500 ml Fischfond
50 ml Vermut Noilly Prat
100 ml Weißwein
100 g Butter
50 ml Olivenöl
5 g Safranfäden
Thymian
Salz

CHORIZOGELEE
100 g Chorizo
50 ml Kalbsjus
400 ml Brühe
2 kleingeschnittene Schalotten
1 Knoblauchzehe
1,5 g Agar-Agar (Bindemittel)
1,5 g Gelan (Bindemittel)
Thymian
Salz
Zucker

ZUBEREITUNG WOLFBARSCH

Die Wolfsbarschsfilets würzen, mit Olivenöl auf der Hautseite kross anbraten und bei 80 °C circa 10 Minuten garen.

ZUBEREITUNG CHORIZOSTAMPF

Die Grenaille-Kartoffeln in Salzwasser weich kochen, die Chorizo schälen und in kleine Würfel schneiden, leicht anschwitzen und absieben. Die Kartoffeln schälen, in einem kleinen Topf mit Hilfe einer Gabel zerdrücken, die Chorizowürfel und die Butter dazugeben, mit Salz abschmecken und bereithalten.

ZUBEREITUNG PAELLASUD

Schalotten, Champignons, zerdrückten Knoblauch und geschnittene Paprika anschwitzen und mit Noilly Prat ablöschen.

Weißwein, Muschel- und Fischfond auffüllen, Thymian zugeben und auf die Hälfte reduzieren. Die geschnittene Chorizo zugeben und nochmals einkochen.

Mit einem Zauberstab mixen, sodass eine rote Farbe entsteht. Dann durch ein Sieb passieren.

Die Hälfte vom Safran zugeben und mit Olivenöl und Butter binden. Aufmixen und bereithalten.

ZUBEREITUNG CHORIZOGELEE

Chorizo mit Brühe, Jus, Gewürzen, Schalotten und Knoblauch ungefähr 20 Minuten kochen lassen und im Thermomix mixen und passieren.

Auf 250 ml Fond mit Agar-Agar und und Gelan circa 2 Minuten kochen lassen. Danach sofort in Form gießen (circa 0,5 cm hoch) und kaltstellen.

Anschließend in Würfel schneiden und bereitstellen.

ZUBEREITUNG MINILAUCH

Den Lauch putzen und in Salzwasser weich kochen. Anschließend sofort abkühlen, trockentupfen und in etwas Olivenöl kurz anbraten.

ANRICHTEN

Den Chorizostampf in einem Ring anrichten, das Wolfsbarschfilet darauflegen und mit Paellasud umgießen.

Den gegrillten Minilauch auf den Loup de Mer legen, die Chorizowürfel darumlegen und sofort servieren.

Den restlichen Chorizostampf und die Sauce extra reichen.

„Neben den Restaurants im Haus gehören zum Unternehmen ja auch noch die Renchtalhütte, das Kurhaus in Baden-Baden und die Confiserie Rumpelmayer. Zusammen mit Caroline Schenk kreiere und entwerfe ich neue Menüs. Wir schmecken so lange ab, bis wir beide Übereinstimmung erzielen und sagen können: Die Harmonie im Mund stimmt! So war es auch mit dem Wolfsbarschfilet und damit einer perfekt badisch-elsässischen Kooperation.“
Martin Herrmann

Jedes Jahr am 14. Juli, kulinarischer Sturm auf … das Bareiss

Hermine Bareiss legte mit ihrem Kurhotel im waldreichen Baiersbronn eine Grundlage. Doch was ihr Sohn Hermann Bareiss im Laufe von fünf Jahrzehnten aus dem Haus gemacht hat, ist in der deutschen Hotelgeschichte wohl einzigartig. Das Bareiss ist eine Institution, ihr Patron ein Grandseigneur und der Küchenchef Claus-Peter Lumpp ein beständiger Top-Cuisinier – das Ferienhotel gehört zu den beliebtesten in Deutschland und hüllt sich jedes Jahr am 14. Juli in die Farben der französischen Tricolore.

Im Jahr 2015 fand zum 21. Mal der französische Nationalfeiertag auf dem Areal des Hotels Bareiss in Baiersbronn statt. Der siebzigjährige Hermann Bareiss erzählt, wie es dazu kam: „Aus dem Elsass und aus Lothringen hatten wir eine steigende Zahl von Gästen, aus denen im Laufe der Jahre auch Freunde geworden sind. So haben wir den Entschluss gefasst, 1994 einen Versuch zu einem 14. Juli zu wagen. Aus der Idee wurde ein großer Erfolg … " Zum Empfang erklingen französische Parforce-Hörner und spielt der Musikverein Baiersbronn, bis der „Sturm" alle Teilnehmer, ausgestattet mit einem blau-weiß-roten Festband, friedlich um ein dîner amical vereint. Hermann Bareiss, der das operative Geschäft an seinen Sohn Hannes Bareiss und dessen Frau Britta übergeben hat, ist die deutsch-französische Freundschaft eine „Herzensangelegenheit" – und der 14. Juli, den die Franzosen begeistert exterritorial feiern, „ein Fest ohne politische Ambition, aber mit politischer Note". So erstaunt es nicht, dass sich dort zahlreiche deutsche und französische Politiker ein Stelldichein geben: Philippe Richert, Erwin Teufel, Günther Oettinger, Roland Ries … , die Liste liest sich wie ein badisch-elsässisches Who-is-Who aus Politik, Wirtschaft und Kultur.

Hermann Bareiss, 1997 Hotelier des Jahres, 2016 ausgezeichnet mit dem Lifetime Award für sein Lebenswerk, hat zahlreiche Ehrungen erfahren. So erhielt er von französischer Seite den Orden Chevalier de la Légion d'honneur und die Médaille du Sénat de la République Française, von deutscher Seite das Bundesverdienstkreuz.

Seine Karriere begann alles andere als rosig. Sein Vater kam nicht mehr aus dem Krieg zurück, seine Mutter Hermine betrieb ab 1974 den Gasthof Kranz in Baiersbronn. In den frühen 1950er Jahren ließ sie das Kurhotel Mitteltal erbauen, das sie zehn Jahre später erweiterte und mit einem Hallenbad ausstattete. In dem schwäbisch-pietistischen Baiersbronn, in dem Wilhelm Hauff die Inspiration zu seinem hintergründigen Märchen *Das kalte Herz* (1827) bekam, beäugte man mit kritischen Blicken das erfolgreiche Treiben der Kriegerwitwe, nach der 2014 der Weg zum Hotel benannt wurde.

Der junge Hermann hatte eine Kochausbildung absolviert und arbeitete im Grand Hotel in Tunis, im Hilton Paris Opéra Hôtel, wo er eine Sprachschule besuchte, um sein Französisch zu perfektionieren, in London, Kairo und zuletzt im Hotel Bachmair am Tegernsee. Dort erhielt er eines Tages einen Anruf seiner Mutter, die ihm mitteilte, dass sie das Hotel verkaufen würde, wenn er nicht sofort nach Hause käme – Gegenrede war nicht möglich, Hermine Bareiss hatte den Hörer aufgelegt! Mit zweiundzwanzig Jahren kommt er 1966 zurück und prägt in den letzten fünfzig (!) Jahren das Haus, das mit seinem Namen zum Fünf-Sterne-Luxus-Superior-Hotel und zu einem der beliebtesten Ferienhotels in Deutschland wird.

Das Hotel erhält alle denkbaren Auszeichnungen, wobei die Zahl von 80 % Stammgästen die höchste Auszeichnung ist, die ein Hotel gewinnen kann. Mit der Übernahme des Hotels 1973 in seine Verantwortung gewann der Wellness-, Beauty- und Spa-Bereich, aber vor allem auch der gastronomische Aspekt mit der Kaminstube, den Dorfstuben und dem Gourmet-Restaurant Bareiss an Gewicht. Dort lernte der junge Claus-Peter Lumpp, der bald darauf zurückkam und 1992 Küchenchef wurde. Fünfzehn Jahre später und immer noch funkeln drei Michelin-Sterne über dem Gourmet-Restaurant. „Ich habe alles erreicht, was man erreichen kann", sagt Claus-Peter Lumpp, „ich darf seit Jahren Kür kochen." Doch hochnäsig klingt das nicht, Lumpp ist bodenständig geblieben – Aufenthalte in den weltberühmten Küchen von Alain Ducasse, André Jaeger, Ezio Santin oder bei Johann Lafer haben daran nichts geändert. Umgeben ist Claus-Peter Lumpp von neun Mitarbeitern, darunter seit sechzehn Jahren von Patissier Stefan Leitner. Und im Restaurant wird seine Kochkunst kongenial begleitet vom Herrn über Tausend Weine, dem Sommelier Jürgen Fendt und dem Restaurantleiter Thomas Brandt, der seit zwanzig Jahren hier freundlich und diskret wirkt.

Hermann Bareiss, der ein Kapitel des deutschen Wirtschaftswunders mitgeschrieben hat, ist der Nachhaltigkeit verpflichtet. Die Wanderhütte Sattelei wurde mit einem „köstlichen Wandernetz" ins Leben gerufen, der gastronomische Nachwuchsförderverein FHG gegründet und der fast 230 Jahre alte Morlokhof erworben. Dort fand man beim Umbau Handschriften des Wunderheilers Johann Georg Morlock, dessen Rezepte vielleicht nicht immer wirkten, im Gegensatz zu den Wundern, die Familie Bareiss samt den 260 Mitarbeiterinnen und Mitarbeitern täglich neu geschehen lässt.

Gebratene Jakobsmuschel mit Rote Bete und Karamellsauce

VORSPEISE FÜR 4 PERSONEN
VORBEREITUNGS- UND KOCHZEIT 4 ½ STUNDEN

ZUTATEN

4 „handgetauchte" Jakobsmuscheln in der Schale (350-380 g) oder 4 große ausgelöste Jakobsmuscheln
2 mittelgroße Knollen Rote Bete
2 Knollen Gelbe Bete
2 Esslöffel Schalottenbrunoise
110 g Zucker
1 Prise Puderzucker
100 ml Wasser
2,3 g Agar-Agar
100 ml Weißwein
¼ Liter Sahne
200 ml Geflügelbrühe
1 Esslöffel Schnittlauch geschnitten
Weißer Balsamico
Sonnenblumenöl
Butter zum Kochen und glacieren
Afila-Kresse
200 ml Rote-Bete-Saft (Bio-Qualität)
Etwas Ingwer
Kleine Menge Milch
Weißer Balsamico
Etwas Rote-Bete-Granulat
Fleur de Sel
Salz und Pfeffer

JAKOBSMUSCHELN

Muscheln aus der Schale lösen. Muskel und Innereien entfernen und mehrmals waschen, bis kein Sand mehr an der Muschel ist. Anschließend auf Küchenpapier trocken legen.

Rote und Gelbe Bete waschen und in Alufolie einwickeln, im Backofen bei 200 °C ca. 1 Stunde garen, hängt von der Größe ab, so lange bis diese gar sind. Mit einem kleinen Messer prüfen wie bei Kartoffeln. Wenn die Bete gar sind, auspacken und schälen, die Gelbe Bete in 1,5 cm große Würfel schneiden. Für die Garnitur eine der Rote Bete in 0,5 cm kleine Würfel schneiden, die aeine für Salat und die andere für Püree.

Eine Gelbe Bete wird für Chips ganz dünn roh aufgeschnitten (0,1 mm). Daraus kleine Taler (2,5 cm Durchmesser) ausstechen und auf ein mit Puderzucker bestäubtes Backblech mit Backpapier auflegen. Bei 130 °C im Backofen 3- 4 Stunden knusprig trocknen.

ROTE-BETE-PÜREE

Gegarte Rote Bete grob kleinschneiden und mit einem Esslöffel Butter und einem Esslöffel Schalottenbrunoise anschwitzen. Mit 150 ml Brühe ablöschen und 50 ml Sahne dazugeben. Mit Salz und Pfeffer aus der Mühle abschmecken und cremig einkochen. Jetzt mit dem Stabmixer ganz fein mixen, falls es zu dünn ist, nochmals etwas einkochen.

ROTE-BETE-SALAT

Die roten Würfelchen mit einem Esslöffel Schalottenbrunoise und dem Schnittlauch vermischen. Mit Öl und weißem Balsamico würzig anmachen (Hälfte Öl und Hälfte Balsamico). Mit Salz und Pfeffer abschmecken. Es muss sehr kräftig sein, da es ein Kontrast zur Karamellsaucebilden soll.

KARAMELLGEL

110 g Zucker und 40 g Wasser zu einem dunklen Karamell kochen. Mit 60 g Wasser ablöschen, durchkochen, bis sich alles aufgelöst hat. 2,3 g Agar-Agar mit 60 ml Sahne verrühren und in die kochende Karamellsauce einrühren und 1-2 Minuten durchkochen lassen. Mit etwas Salz abschmecken, in eine Schüssel gießen und kaltstellen. Anschließend fein mixen und in eine Spritzflasche füllen.

ANRICHTEN

Jakobsmuschel in schäumender, brauner Butter glasig braten, mit etwas Fleur de Sel würzen.

Gelbe-Bete-Würfel mit etwas Butter und Brühe glacieren. Mit Salz, einer Prise Puderzucker und Pfeffer aus der Mühle würzen.

Rote-Bete-Püree warmrühren und eine Träne auf einem tiefem Teller mit drei Punkten Karamellgel, Gelbe-Bete- und Rote-Bete-Salat anrichten und mit Afila- Kresse und gelben Bete-Chips ausgarnieren.

Dazu passt ein kleiner Rote-Bete-Shot mit Milchschaum. Rote-Bete-Saft mit Ingwer und weißem Balsamico aufkochen und mit Salz und Pfeffer abschmecken. In ein Shot-Glas füllen. Mit Milchschaum und getrocknetem Rote-Bete-Granulat garnieren.

„Es war Paul Bocuse, der mich für die klassisch-französisch geprägte Sternegastronomie begeisterte, sie war lange Zeit mein Vorbild, da sie filigraner war als die deutsche Küche. Mittlerweile haben wir selbstbewusst einen eigenen deutschen Stil geschaffen. Die Hälfte unserer Gäste kommt aus dem Ausland, vor allem auch aus Frankreich zu uns, was den eingeschlagenen Weg bestätigt."
Claus-Peter Lumpp

Schokoladentörtchen mit Exotikgel und Kakaobohnenstreusel

Dessert für 4 Personen
Zubereitungs- und Kochzeit 3 Stunden
Ruhe- und Gefrierzeit 15 Stunden

Zutaten

Mandelsablé
2 Eidotter
80 g Staubzucker
80 g weiche Butter
110 g Mehl
6 g Backpulver
50 g Mandelgrieß
Vanilleschotenmark

Schokoladenmousse
2 Eier und 2 Eidotter
35 g Zucker
95 g Guanaja von Valrhona
2 Blatt Gelatine
Crème de cacao
220 g Sahne

Schokoladennappage
150 g Sahne
400 g Absolu Cristal
235 g Équatorial von Valrhona

Chantilly Jivara
125 g Sahne
75 g Jivara von Valrhona

Exotikgel
225 g Exotikfruchtmark
60 g Zucker
3,3 g Agar-Agar

Rumtopfgel
75 g Kirschenmark
125 g Himbeermark
30 g Waldheidelbeermark
35 g Zucker
3 g Agar-Agar
50 g Rum

Kakaobohnenstreusel
80 g Butter und 80 g Mehl
80 g brauner Zucker
½ Vanilleschote
80 g Mandelgrieß
10 g Kakao
25 g Kakaobohnensplitter

Exotiksorbet
250 g Exotikfruchtmark
135 g Wasser
25 g Invertzucker
70 g Zucker

Passionsfruchtbaiser
100 g Wasser
100 g Passionsfruchtmark
13 g Trockeneiweiß
75 g Läuterzucker
0,1 g Xanthan
50 g Zucker

MANDELSABLÉ

Für den Sablé die Eidotter mit dem Staubzucker und Salz schaumig rühren. Die weiche Butter zufügen und vermengen. Mehl, Backpulver, Mandelgrieß vermischen und in die Buttermasse einarbeiten.

Den Teig für ein paar Stunden kalt stellen. Danach den Teig ausrollen und Scheiben mit 5 cm Durchmesser ausstechen und bei 180 °C goldgelb backen.

FLÜSSIGER EXOTIK-KERN

Für den Exotik-Kern Exotikfruchtmark (Mischung aus Passionsfrucht, Mango, Limette und Banane) mit Staubzucker und Vanilleschotenmark abschmecken und in Halbkugelformen mit 2 cm Durchmesser füllen und einfrieren.

SCHOKOLADENMOUSSE

Die Schokolade schmelzen. Die Eier und Eidotter mit dem Zucker warm-kalt schlagen. Die eingeweichte Gelatine in Crème de cacao auflösen. Dann die Schokolade in die Eiermasse einrühren. Zum Schluss die Gelatine und die geschlagene Sahne unterrühren. Das Mousse in Halbkugelformen mit 5 cm Durchmesser füllen (zu zwei Dritteln befüllen). Den eingefrorenen Exotik-Kern in der Mitte des Schokoladenmousses platzieren und mit dem restlichen Schokoladenmousse auffüllen und glattstreichen. Das Mousse einfrieren.

SCHOKOLADENNAPPAGE

Für die Nappage die Sahne aufkochen und über die Schokolade gießen. Das Absolu Cristal auf 70-80 °C erhitzen und in die Schokoladensahne rühren. Die Masse überkühlen lassen und dann die gefrorenen Halbkugeln aus Schokoladenmousse damit glasieren. Im Kühlschrank auftauen lassen (3 Stunden).

CHANTILLY JIVARA

Die Sahne aufkochen und über die Schokolade gießen. Glatt rühren und über Nacht in den Kühlschrank stellen. Dann auf die gewünschte Konsistenz aufschlagen und in einen Dressierbeutel füllen.

EXOTIKGEL

Exotikfruchtmark, Zucker und Agar-Agar aufkochen. Die Masse erkalten lassen und dann mixen, bis eine homogene Masse entsteht.

RUMTOPFGEL

Alle Zubereitungen miteinander aufkochen. Die Masse erkalten lassen und dann mixen, bis eine homogene Masse entsteht.

KAKAOBOHNENSTREUSEL

Für die Streusel alle Zutaten in eine Schüssel geben und zwischen den Fingern reiben, bis eine grobkörnige Masse entsteht. Dann die Streusel auf ein Backblech streuen und bei 180 °C ca. 30 Minuten backen.

EXOTIKSORBET

Wasser, Zucker, Invertzucker aufkochen und dann das Exotikfruchtmark zufügen. In der Eismaschine frieren.

PASSIONSFRUCHTBAISER

Das Wasser mit dem Passionsfruchtmark, dem Läuterzucker, dem Xanthan und dem Trockeneiweiß verrühren und 12 Stunden im Kühlschrank stehen lassen. Die Masse dann wie Eiweiß mit dem Zucker aufschlagen. Dünn auf eine Silpat-Matte aufstreichen und 3-4 Stunden bei 70 °C trocknen.

ANRICHTEN

In die Mitte des Tellers den Mandelsablé legen. Darauf das Schokoladentörtchen platzieren. Um das Törtchen die Jivara Chantilly, das Exoticgel und das Rumtopfgel dressieren. Etwas Kakaobohnenstreusel verteilen und mit dem Passionsfruchtbaiser, Kresse und Blüten dekorieren. Zum Schluss eine Nocke Exoticsorbet auf den Streusel setzen.

„Es macht einfach Spaß, einen Dessert-Teller akkurat anzurichten. Das Dessert ist das Tüpfelchen auf dem i, der krönende Abschluss eines gelungenen Mahls in unserem Restaurant. Es soll die Geschmackssinne noch einmal auf eine süße Art ansprechen – mit der aus Frankreich stammenden Schokolade gelingt das einem Dessert, wie den Schokoladentörtchen, besonders gut!“

Stefan Leitner

Kein Widerspruch: traditionelle Eltern und trendige Söhne

Die Elterngeneration Specht hat ihren Söhnen Patrick (li) und Ralf die Liebe zum Handwerk, zu authentischen Produkten vermittelt sowie die Service- und Dienstleistungsbereitschaft zu Gästen vorgelebt. Patrick hat sich als Konditor in die süße Richtung entwickelt und Ralf führt als Koch die Gaststätte mit klassischen und trendigen Gerichten. Der gemütliche Gastraum und der bei der binationalen Landesgartenschau „ausgezeichnete" naturnahe Biergarten sind Rückzugsorte der besonderen Art, in denen badische Gastlichkeit hoch gehalten wird.

Beim Salon Culinaire Egast im benachbarten Straßburg holten sich Friedrich Specht und seine Frau Maria mehrmals für ihre lecker angerichteten Wurstplatten Preise ab. Besonders groß war aber die Freude, als der Biergarten des Gasthauses Pflug 2004 Umweltpreisträger der ersten binationalen Landesgartenschau unter dem Thema „Garten der zwei Ufer" wurde. Gäste von beiden Seiten des Rheins treffen sich im prämierten grünen Biergarten mit seinen zahlreichen Gewächsen sowie in den großzügig angelegten Gasträumen.

Bis auf das Jahr 1743 lässt sich das Schankrecht des Gasthofs zurückverfolgen, genau seit dem Jahr 1900 ist die Wirtschaft ununterbrochen im Besitz der Familie Specht. Valentin Specht richtete damals zusammen mit der Wirtschaft eine Metzgerei und Wursterei ein, seit jeher schon ein gutes Zeichen badischer Gastlichkeit. In der nahen Kinzig tummeln sich zu jener Zeit noch die Lachse.

Anfang 1949 kommt sein Sohn Hans aus jugoslawischer Gefangenschaft nach Hause und findet das Anwesen, bis auf die Metzgerei, völlig abgebrannt vor. Was war passiert? Mit den heranrückenden französischen Panzertruppen und der Zunahme des Beschusses wurde die Gegend ab November 1944 Frontgebiet. Nach einer ersten angeordneten Evakuierung 1939 ergriffen nun fast 16000 Bewohner von Kehl die Flucht in Richtung Schwarzwald. Diese Flüchtlingswelle ergriff auch die Bewohner von Neumühl. Die einrückenden französischen Kolonialtruppen fanden dort in einem Haus noch ein Bild des „Führers". Das Haus wurde angezündet und da ein starker Westwind wehte, griffen die Flammen auf ein Fachwerkhaus nach dem anderen über: Siebzehn Häuser des Bauerndorfes an der Kinzig wurden zu Schutt und Asche.

Doch Hans und seine Frau Gertrud ließen sich nicht entmutigen und bauten das zerstörte Gasthaus wieder auf, das 1955 eröffnet werden konnte. 1981 übernimmt sein Sohn, der gelernte Metzger Friedrich Specht mit seiner Frau Maria, die im Ritter in Durbach und im Lamm in Neuweier gearbeitet hatte, den Gasthof und baut ihn kräftig um sowie mit zehn Hotelzimmern aus. Das Haus liegt damals an der Durchgangsstraße – die neu gebaute Umgehungsstraße lässt aus dem Pflug einen gut besuchten Geheimtipp werden.

„Man muss sich immer bewähren" ist der Leitspruch von Maria Specht, die im Service mit Umsicht waltet. Ein großer Kreis von Stammkunden schätzt neben der persönlichen Betreuung die traditionell ausgerichtete ländliche Küche, das leckere bürgerliche Essen, das im Pflug auf den Tisch kommt. Für diesen Part ist in der Küche und Metzgerei Friedrich Specht zuständig, der frische, saure Nierle, Kalbshaxen, gefüllte Kalbsbrust ... zubereiten und Schälripple einlegen kann, wie man es von früher kennt. Fleischkäse, Bratwurst und Lyoner, alles, was an Wurstwaren frisch auf den Tisch kommt, trägt das Specht'sche Qualitätssiegel. Das Brot wird nach einem Rezept mit eigener Gewürzmischung beim Bäcker im Dorf gebacken. Mit dem „Piccus" wird ein selbst gebrannter Schnaps aus Trester, Topinambur, Williams oder Kirsch angeboten – alle alten Obstsorten wachsen im eigenen Garten. Kenner loben den nicht nur farblich ansprechenden Calvados, sondern auch das hauseigene Hutzelbrot und Quittengelee. Traditionell wird im Pflug seit über hundert Jahren auch das Bier der Kronenbräu ausgeschenkt, dessen Export die Elsässer besonders lieben.

Doch in der Küche und in einer der neu renovierten Gaststuben weht auch sichtbar ein neuer Trend, der sich aber harmonisch in die jahrhundertelange Tradition einfügt. Dafür verantwortlich sind Ralf und Patrick Specht. Ralf kam zurück in den elterlichen Betrieb und kocht mit Raffinesse, wie er es nach seiner Lehre in der Linde in Oberkirch und im Münchner Zweisterne-Gourmettempel bei Eckart Witzigmann gelernt hat. Der Meister seines Faches ist ebenfalls Betriebswirt und bringt ab und an neue Angebote, wie eine Asiatische Woche, ein Lammrückenfilet oder leckere Barbarie-Enten ins Programm. Sein Bruder Patrick hat eine Ausbildung zum Konditor beim Gmeiner Confiserie und Kaffeehausunternehmen in Oberkirch absolviert, dann in Luxemburg und auf der Bühler Höhe gearbeitet und ebenfalls seinen Meister gemacht. Als Produktionschef ist er nun in seinem ehemaligen Lehrbetrieb für alle Erzeugnisse verantwortlich, die die rund fünfzig Konditoren in Appenweier herstellen. Doch im Wirtshaus zum Pflug, dessen Name auf das traditionelle bäuerliche Umfeld verweist, ist Patrick Specht ab und an ganz trendig präsent, zum Beispiel mit leckeren Desserts auf dem Teller, während an den Wänden moderne und bunte Gemälde hängen.

Pflug
total lecker!
Neumühler
PFLUG
PFLUG
Specht

Der Gansbraten nach Ralf Specht

HAUPTGERICHT FÜR 4 PERSONEN
VORBEREITUNGS- UND KOCHZEIT 4 STUNDEN

ZUTATEN

GANS
Eine ca. 4,5 kg schwere frische küchenfertige Gans
Salz
Pfeffer
Petersilie

SAUCE
Gänseklein
Öl
1 Zwiebel
1 Karotte
1 Lauch
2 Lorbeerblätter
2 EL Tomatenmark
200 ml Rotwein
500 ml Geflügelbrühe
Mondamin
Salz, Pfeffer
400 g gekochte Maronen

ZUBEREITUNG GANS

Die Gans wird mit Salz und Pfeffer gewürzt und mit etwas Petersilie gefüllt.

Den Backofen auf 140 °C vorheizen. Die Gans auf einem Rost in den Ofen schieben und ein tiefes Backblech darunterstellen, damit das Fett aufgefangen wird. Von Zeit zu Zeit die Gans übergießen.

Nach ca. 2 Stunden die Temperatur auf 100 °C reduzieren und fertig garen, bis sie schön kross ist und beim Einstechen einer Gabel in die Brust, kein Blut mehr austritt.

ZUBEREITUNG SAUCE

Das Gänseklein kleinschneiden und in Öl anbraten. Zwiebel, Karotte und Lauch kleinschneiden und mit dem Gänseklein weiter anbraten. Das Tomatenmark zugeben und kurz mit anbraten. Die Lorbeerblätter hinzugeben und mit dem Rotwein ablöschen. Die Geflügelbrühe zugeben.

Nach ca. 90 Minuten die Sauce absieben und mit etwas Mondamin abbinden. Die Sauce mit Salz und Pfeffer abschmecken. Die Maronen in die Sauce geben und kurz aufkochen.

„Vor einiger Zeit haben wir einen Martini-Gansbraten angeboten und das Gericht einen Tag, eben am Martinstag, auf der Karte gehabt. Jetzt dauert die Ganssaison aufgrund der großen Nachfrage bei uns, sage und schreibe, drei volle Wochen. Um vier Uhr morgens beginne ich an so einem Tag mit der Vorbereitung. Dann kommen schon bald die ersten Gänse in den Ofen, denn um die Mittagszeit bestellen alle Gäste gleichzeitig."
Ralf Specht

Das Vanilleparfait nach Patrick Specht

DESSERT FÜR 4 PERSONEN

VORBEREITUNGSZEIT INSGESAMT 2-3 STUNDEN / GEFRIERZEIT 10 STUNDEN

ZUTATEN

PARFAIT
450 g geschlagene Sahne
120 g Zucker
1 Eigelb
3 Eier
1 Vanilleschote

QUITTENMUS
2 Quitten
125 g Apfelsaft
30 g Zucker
2 Esslöffel Quittengelee
1 Vanilleschote
½ Zitrone
30 g Grenadinesirup

QUITTENWÜRFEL
1 Quitte
125 g Apfelsaft
20 g Zucker
½ Zitrone
40 g Grenadinesirup
1 Esslöffel Quittengelee

QUITTEN-GRENADINESAUCE
Sud von den Quittenwürfeln
Etwas Speisestärke

MERINGENBRUCH
2 Meringen

HASELNUSSSCHWAMM
120 g Haselnussmark
120 g Eiklar
80 g Eigelb
50 g Zucker
2 g Salz
20 g Mehl

ZUBEREITUNG PARFAIT

Eier mit dem Zucker und dem Mark der Vanilleschote schaumig rühren. Die geschlagene Sahne unterheben. Nun die Masse in Förmchen füllen und im Gefrierschrank 10 Stunden einfrieren.

ZUBEREITUNG QUITTENMUS

Quitten schälen und in grobe Stücke schneiden. In einem kleinen Topf den Zucker karamellisieren und mit dem Apfelsaft ablöschen. Die Quittenstücke sowie alle restlichen Zutaten zugeben und weich verkochen lassen. Wenn man die Quitten mit einem Löffel zerdrücken kann, rühren, bis die meiste Flüssigkeit verdampft ist. Nun das Ganze durch ein Sieb drücken.

ZUBEREITUNG QUITTENWÜRFEL

Die Quitte schälen, in 1 cm große Würfel schneiden und mit dem Saft der Zitrone marinieren. Aus Apfelsaft, Zucker und Quittengelee einen Sud kochen.

Die Quitten in dem Sud ca. 2 Minuten kochen lassen, vom Feuer nehmen und mit Grenadine aufgießen. Die Würfel ziehen lassen, bis sie weich sind, dann in ein Sieb geben zum Auskühlen.

ZUBEREITUNG QUITTEN-GRENADINE-SAUCE

Den Sud mit der Speisestärke abbinden und gegebenenfalls für die Farbe etwas Grenadine zugeben.

ZUBEREITUNG MERINGENBRUCH

Meringen in der Hand grob zerdrücken und etwa 1,5 cm große Stücke aussuchen.

ZUBEREITUNG HASELNUSSSCHWAMM

Haselnussmark mit Eiklar, Eigelb, Zucker und Salz verrühren. Das Mehl sieben und unterheben. Die Masse durch ein Sieb passieren und 60 Minuten kühl stellen. Wer einen Sahne-Siphon besitzt, kann die Masse dort einfüllen und zwei Kapseln einleiten, dann ebenfalls 60 Minuten kühl stellen.

Plastikbecher mit einem kleinen Schnitt im Boden versehen und die Masse zu einem Drittel in den Becher füllen. Die Becher kopfüber auf einen Teller in der Mikrowelle bei 900 Watt 50 Sekunden backen.

Biskuit aus dem Becher gleiten lassen und in schwammartige Stücke zupfen.

„Als Konditor bin ich der Spezialist für die süßen Sachen und bringe meine Kenntnisse und Fertigkeiten auch gerne im Betrieb der Eltern und des Bruders ein – ein Dessert ist der bunte und geschmacksfrohe Farbtupfer zum krönenden Abschluss eines Essens. Ebenso farbenfroh sind meine Gemälde, die ich zum Ausgleich zu meinem Beruf male."
Patrick Specht

Der Garten der Genüsse

Das Elsässer Gastronomenpaar Sophie und Stéphan Bernhard wagte gemeinsam und mutig den Sprung über den Rhein und gelangte direkt in die Medien-, Kongress- und Kurstadt Baden-Baden. Damit knüpfen sie an eine vorausgegangene und ebenso erfolgreiche „französische" Karriere in Baden-Baden an. Der Franzose Jacques Bénazet gründete hier 1838 das wunderschöne Casino, dessen Sohn Édouard veranstaltete in Iffezheim das erste Pferderennen. Wie man sieht, kommt man aber auch mit „zwei Pferdestärken" (2 CV) erfolgreich vorwärts.

Der junge Stéphan aus Sélestat wollte „pâtissier" werden – doch ein Praktikum belehrte ihn eines Besseren: „Die Zeiten in der Backstube waren einfach zu früh für mich." Im nahen Mittelbergheim begann er deshalb eine Lehre als Koch im renommierten Restaurant am Lindeplatzel. Der jugendlich stürmische Stéphan, der nicht immer so wollte, wie seine Lehrer, fand in der Küche eine Struktur, eine Ordnung, die ihm Halt gab und Orientierung. „Das fand ich einfach fabelhaft, wie der Stress in der Küche durch die Zusammenarbeit einer équipe bewältigt werden konnte. Und zudem gab es einen Chef, der genau sagte, wo es langging. Mir war bald klar: Dieser »Chef« möchte ich auch mal sein."

Weitere Stationen folgten, wie im La Couronne in Baldenheim: diese sollte Stéphans Leben jedoch nicht nur am Herd nachhaltig beeinflussen. Bediente dort doch ab und an die nette Nachbarstochter Sophie – und das Übrige ist nicht schwer zu erraten! Seitdem sind Sophie und Stéphan zusammen und haben mit Lara und Leonie zwei Töchter. Zuhause sprechen die Bernhards französisch, die Kinder jedoch untereinander deutsch!

Doch beruflich ging es weiter ins Valet de Cœur nach Villé, in das er später noch einmal, aber als Chef, zurückkehrte, nach Lunéville ins Château d'Adoménil und ins La Chenaudière nach Colroy-la-Roche. Soweit so gut – ein beruflicher Parcours quer durch Elsass-Lothringen. Da kam plötzlich der in Immobiliengeschäften tätige Onkel, aber nicht aus Amerika, sondern aus Baden-Baden ins Spiel. Er bewegte 1998, nachdem er ein passendes Anwesen gefunden hatte, die Bernhards dazu, aus dem Elsass nach Baden-Baden umzuziehen und sich einen Traum zu erfüllen: den, sich endlich selbständig zu machen. Wohlgemerkt war Sophie da gerade (erst) vierundzwanzig Jahre alt und er siebenundzwanzig! „Wir waren jung und mutig, aber man muss immer nach vorne sehen und vorwärts gehen."

Das beliebte Lokal mit funfunddreißig Plätzen war rasch an eine Kapazitätsgrenze gestoßen. So erfolgte 2002 der Wechsel an den jetzigen Sitz im Goldenen Kreuz in den Augusta-Arcaden, ein Restaurant, das die beiden schon seit einiger Zeit reizte. „Schon am allerersten Tag in Baden-Baden waren wir hier im Innenhof gestanden und haben zueinander gesagt, das könnte es sein." Positiv starteten die Bernhards mit ihrem Feinschmeckerrestaurant Jardin de France, denn schon ein Jahr später war der erste Michelin-Stern erkocht!

Im Restaurant waltet umsichtig Sophie in einem bestechenden Interieur, das sich gestylt modern bis in die besondere Form und Farbe der Wassergläser hin erstreckt. Die (zweisprachigen) Service- und Küchenkräfte kommen alle aus dem Elsass, nur die Azubis sind aus deutschen Landen. Warum? „Wir bekommen hier einfach die Kräfte nicht, die in unseren französischen Garten passen ... Vor allem eine Frage der (Zwei-)sprachigkeit."

Großformatige, abstrakte und figürliche Gemälde zieren die Wände, eine ins Violette reichende Farbgebung verwandelt den durch eine Kuppel lichthellen Raum in eine stille Oase inmitten der umtriebigen Kur-, Kongress- und Medienstadt. Dies bringt immer wieder Gäste ins Haus, die zu Stammgästen werden. Gerne geht auch die ehemalige Oberbürgermeisterin Dr. Sigrun Lang, als erste Frau in der Stadt in dieses Amt gewählt, in das Haus. Zuständig war sie als Vorstand der damaligen Bäder- und Kurverwaltung zuvor für den Auf- und Ausbau des kurörtlichen und kulturellen Angebots. Ihr, die beide Staatsangehörigkeiten besitzt, oblag die Rekonversion der ehemaligen französischen Kasernen, in denen die Militärverwaltung für Baden ihren Sitz hatte, in ein attraktives Stadtviertel, in dem nichts mehr an die militärisch geprägte Zeit der „Besatzung" erinnert.

Friedlich vereint finden sich auch im Jardin de France auf der mit dreihundert Positionen reich bestückten Weinkarte badische, pfälzische, elsässische und vor allem Weine aus allen französischen Anbaugebieten. Wie geht Stéphan bei der Planung der Gerichte vor? „Ich mache mir, wenn ich eine kreative Phase verspüre, eine Liste mit aktuell vorhandenen Produkten, die ich größtenteils von französischen Lieferanten und einem Biogärtner von hier beziehe. Oder ich gehe mit unserem Hund Tika spazieren – dabei kommen mir die besten Ideen, die er bei sonntäglichen Kochkursen „Apprenti-Marmiton" („Kochlehrling") gerne auch vermittelt.

Während dessen schaukelt Sophie mit ihrer Lady – dem Citroën 2 CV – in das seit Oktober 2014 eröffnete Boutique Hotel Société mit dem Restaurant La Table, in dem zwei ehemalige Köche des Jardin die Gäste verwöhnen.

RESTAURANT
le Jardin de France

33
RESTAURANT
le Jardin de France
www.lejardindefrance.de
2 CV6
CITROËN
BAD SB 74

CHRISTOPH

Tartar vom Seewolf, Hummer-Medaillon an Bergamotte, Mango-Coulis

VORSPEISE FÜR 4 PERSONEN
VORBEREITUNGS- UND KOCHZEIT 1 STUNDE

ZUTATEN

200 g Seewolffilet
2 ausgelöste Hummerschwänze
50 g Mango-Coulis
Espelette Chili
Salz, Pfeffer
Kräuter für Deko

VINAIGRETTE
50 ml Bergamotte-Jus (oder Zitrone)
80 ml Olivenöl
½ Vanilleschote
Salz, Pfeffer
15 g Honig

ZUBEREITUNG

Hummerschwänze mit Salz und Pfeffer würzen, etwas Bergamotte-Jus und Olivenöl dazugeben und in Folie einpacken wie ein Bonbon.

Wasser zum Kochen bringen, Hummer-Bonbon hineingeben und Hitzequelle ausschalten. Etwa 6 Minuten ziehen lassen, herausnehmen und abkühlen lassen.

Mango-Coulis mit Salz und Espelette Chili würzen.

Seewolf als Tartar schneiden und mit der Vinaigrette anmachen.

ANRICHTEN

Hummer-Medaillon schneiden und auch mit der Vinaigrette anmachen. In einer runden Form anrichten, zuerst das Tartar und die Medaillon darüber.

Auf dem Teller eine Deko mit dem Coulis vorbereiten. Form mit Tartar und Hummer darauflegen, Form entfernen, mit Kräutern fertig dekorieren, ein paar Tropfen Olivenöl dazugeben.

„Der frische Fisch und die Meeresfrüchte sind von Frankreichs Küsten innerhalb weniger Stunden bei uns in der Küche. Unsere Gäste erwarten das und sind offen für Neues. Diese Wünsche erfülle ich gerne."
Stéphan Bernhard

Rehfilet im Pumpernickel-Mantel mit Sellerie

HAUPTGANG FÜR 4 PERSONEN
VORBEREITUNGS- UND KOCHZEIT 2 ½ STUNDEN

ZUTATEN

1 Rehrücken
1 Sellerieknolle

SAUCE
150 ml Sahne
20 g Schokolade

KRUSTE
150 g weiche Butter
125 g Pumpernickel
50 g Haselnüsse
Salz, Pfeffer

FOND
¼ Liter Kalbsfond
Rehkarkassen
1 Karotte
1 Stangensellerie
1 Zwiebel
Koriander, Wacholder, Nelken
Pfeffer
¼ Liter Rotwein

PUMPERNICKEL-KRUSTE
Alle Zutaten mischen, um einen Teig zu bekommen. Zwischen zwei Blättern Backpapier etwa 3 mm dick ausstreichen. In die Tiefkühltruhe geben, dass es fest wird.

REHFILET
Rehrücken entbeinen. Abschnitte und Karkassen aufbewahren für den Fond. Filet auf die Seite legen.

WILDFOND
Knochen und Abschnitte anbraten, Gewürze und Gemüse in Würfel dazugeben, mit Rotwein ablöschen. Kalbsfond dazugeben und etwas Wasser. Etwa 1 Stunde langsam kochen lassen und passieren. Wildfond aufbewahren.

SELLERIE
Sellerie in schöne, etwa 3 cm große Stücke (rund, 1 cm dick) schneiden. Auss dem Rest ein Püree machen. Die Stücke in Butter anbraten und im Ofen fertig garen. Rehfilet in 4 Stücke schneiden. Würzen.

Jede Seite der Filets in der Pfanne anbraten und auf einem Gitter aufbewahren. Pumpernickel-Masse in passende Stücke schneiden, damit sie auf die Filets passen. Sobald die Filets abgekühlt sind, kann man den Pumpernickel darauflegen.

SAUCE
Sahne zu dem Wildfond dazugeben und reduzieren, bis die gewünschte Konsistenz erreicht ist. Schokolade dazugeben und nach Bedarf würzen.

Rehfilets mit dem Pumpernickel-Mantel im Ofen fertig garen, je nach Dicke 3 bis 5 Minuten, dann 3 bis 4 Minuten ausruhen lassen.

ANRICHTEN
Rehfilet (1 pro Person) in Stücke schneiden und auf die Teller verteilen, Selleriestücke und -püree dazu. Mit Sauce garnieren.

„Baden-Baden ist durch den gleichnamigen Rehrücken Baden-Baden bekannt geworden. Ich möchte zeigen, wie man eine hiesige Spezialität ein wenig anders interpretieren kann."
Stéphan Bernhard

Die Wiege des deutsch-französischen Freundschaftsvertrags

Hätte Napoléon III. bei seinem Aufenthalt im ehemaligen „Stéphanie-les-Bains" sich dort nicht mit Reichskanzler Bismarck zu einem friedlichen Plausch treffen können, vielleicht sogar einen deutsch-französischen Freundschaftsvertrag aushandeln? Sedan, Verdun, Versailles, Compiègne, Potsdam hätten sich vermeiden lassen. Adenauer und de Gaulle ergriffen dann in Brenners Parkhotel ihre Chance. Diplomatisch vereint der Österreicher Paul Stradner mit seiner puristischen und virtuosen Küchenkunst das Beste von beiden Seiten des Rheins.

Im Februar 1962 fand in Brenners Parkhotel ein Treffen zwischen dem französischen Staatspräsidenten Charles de Gaulle und dem deutschen Bundeskanzler Konrad Adenauer, im Beisein der jeweiligen Außenminister Maurice Couve de Murville und Gerhard Schröder, statt. Warum trafen sich die beiden gerade in Baden-Baden, um dort den deutsch-französischen Freundschaftsvertrag vorzubereiten?

Baden-Baden war ab 1945 der Verwaltungssitz und der Standort des französischen Oberkommandos in der französischen Besatzungszone, dann in der Bundesrepublik, da die Stadt den Krieg praktisch unbeschädigt überstanden hatte und geografisch günstig zwischen den Zonen im heutigen Rheinland-Pfalz und dem heutigen Baden-Württemberg mit Südbaden, Hohenzollern und Teilen Württembergs lag. Beiden Staatsmännern war es nur siebzehn Jahre nach dem Krieg klar, dass ohne eine deutsch-französische Verständigung, ein geeintes Europa nicht möglich wäre. Adenauer und de Gaulle trafen sich in einer Suite des Hotels, um im Vier-Augen-Gespräch ausführlich über die Eckpunkte eines Vertrags zwischen den beiden Ländern zu sprechen. Der Elysee-Vertrag, der auf das Treffen im Brenners zurückging, wurde dann am 22. Januar 1963 in Paris unterzeichnet und ist seitdem Grundlage der deutsch-französischen Zusammenarbeit.

Während Adenauer zur Übernachtung blieb, reiste de Gaulle am selben Tag wieder ab. Die Chronik des Hauses vermerkt: „Hernach speisten Konrad Adenauer, 86, und Charles de Gaulle, 71 – eine Tomatencremesuppe, Seezunge, Rinderbraten und tranken dazu roten Wein aus Frankreich und weißen vom deutschen Rhein … "

In der Nachfolge des Treffens war das renommierte Haus auch 1980 Gastgeber von Präsident Valéry Giscard d'Estaing und Bundeskanzler Helmut Schmidt sowie 1995 von Bundeskanzler Helmut Kohl und Präsident Jacques Chirac (der dem deutschen Wein ein Bier vorzog) sowie des amerikanischen Präsidenten Barack Obama mit Kanzlerin Angela Merkel und Präsident Nicolas Sarkozy (2009).

Das französisch geprägte Haus „Stéphanie-les-Bains" wurde 1872 von Anton Brenner erworben und von seinem Sohn Camille als Hotel Stephanienbad zur luxuriösen Blüte geführt, die seine Söhne Kurt und Alfred Brenner auch in den wilden Zwanziger Jahren erhalten konnten, in denen die Industriellenfamilie Oetker stille Gesellschafter wurden.

Nach dem Krieg wurde das Hotel u.a. Sitz von General Jean-Marie Koenig. Rudolf August Oetker übernahm 1941 das Hotel, das 1950 bereits wieder mit hundertsechzig Betten eröffnet werden konnte; die Gebrüder Brenner schieden nach und nach aus dem Unternehmen aus. Die Oetker-Gruppe, die 1891 gegründet wurde und sich in zahlreichen Geschäftsbereichen und nicht nur im Backpulver engagiert, zählt mit der Oetker Collection einige beeindruckende Hotels in seinen Reihen, die von Direktor Frank Marrenbach souverän geleitet werden – er löste 2003 Richard Schmitz, nach erfolgreichen zweiunddreißig Dienstjahren, als Hoteldirektor ab.

In der Küche steht seit 2012 mit damals einunddreißig Jahren der Österreicher Paul Stradner am Herd. Inzwischen hat er sich, als einer der jüngsten Köche überhaupt, einen zweiten Michelin-Stern erkocht. Seine Eltern mussten früh einen Bauernhof mit großem Garten, Hühnern, Schweinen und Rindern übernehmen und kamen in ihrem Leben nie zu einem Urlaub. Am Herd stand die Oma, die täglich für gut sechs Personen zu kochen hatte. Der kleine Paul „experimentierte" mit zehn Jahren etwas am Herd herum, es kam ihm aber nie in den Sinn, das Kochen zu seinem Beruf zu erwählen. Er wählte im Grazer Restaurant Luttenberger den vierjährigen Ausbildungsgang zum Restaurantfachmann, denn er wollte etwas mit Menschen zu tun haben.

Die Ausbildung sieht auch eine Zeit in der Küche vor – und hier erwachte plötzlich seine Neigung zum Kochen. Die Eltern unterstützen ihren Sohn immer, der nun auf Reisen gehen kann: Stationen im Château de Nantilly bei Jean-Georges Klein und vor allem in der Traube Tonbach bei Harald Wohlfarth, im Le Cerf in Marlenheim oder in der Arnsbourg in Baerenthal prägen in ihm einen Küchenstil, der ganz französisch ausgerichtet ist. Wichtig sind ihm feine und erstklassige Basisprodukte, wobei er immer die eigene Kindheit mit ihren unverfälschten Produkten und Geschmäckern im Hinterkopf gespeichert behält. „Zwei Michelin-Sterne sind schon toll", meint der bodenständig gebliebene Paul Stradner, „aber die wichtigere Beurteilung erfolgt täglich durch unsere Gäste."

P. Stradner
MICHELIN
2015

BRENNERS
BRENNERS PARK-HOTEL

Gebratene und rohmarinierte Langustine, Staudenselleriegelee, Mango und eingelegte Klettenwurzel

VORSPEISE FÜR 4 PERSONEN
VORBEREITUNGS- UND KOCHZEIT 14 STUNDEN

ZUTATEN

12 Langusten

STAUDENSELLERIEGELEE
450 g Staudensellerie
1 Apfel
80 g Blattspinat, blanchiert
5 g Cayenne-Pfeffer
5 g Agar-Agar
5 g Gellan (Agar-Agar und Gellan beziehen sich auf 0,5 Liter Saft – immer auf Saftmenge anpassen)

MANGOS
2 Thaimangos
Weißer, milder Balsamessig
Salz

LANGUSTEN-TARTAR
12 Langustinen
1 Esslöffel Schnittlauch fein geschnitten
3 Esslöffel Zitronenolivenöl
Salz
Cayenne-Pfeffer

STAUDENSELLERIE-VINAIGRETTE
60 ml Staudensellerie-Öl
30 ml weißer Balsamessig
2,5 g Salz
1 g Zucker
20 ml Geflügelfond
10 ml Apfelsaft

ANRICHTEN
1 Schale Korianderkresse
12 Staudensellerieblätter
1 eingelegte Klettenwurzel (im Asia-Geschäft erhältlich)

STAUDENSELLERIEGELEE

Den Staudensellerie von den Blättern befreien. Die 12 Blätter zum Dekorieren des Tellers für später aufheben. Den Apfel schälen, entkernen und anschließend gemeinsam mit dem Staudensellerie sowie dem Blattspinat durch eine Zentrifuge entsaften. Den Saft mit Salz und Pfeffer würzen. Mit Gellan und Agar-Agar aufkochen, in ein Gefäß füllen und 12 Stunden im Kühlschrank auskühlen und aushärten lassen.

Im Anschluss das Gelee aus der Form nehmen, klein schneiden und mit einem kräftigen Mixer zu einem gelartigen Gelee verarbeiten. In einen kleinen Spritzbeutel füllen und im Kühlschrank lagern.

MANGOS

Die Mangos schälen, das Fruchtfleisch in 5 mm dicke Scheiben schneiden und dann zu Würfeln verarbeiten oder zu runden Scheiben ausstechen. Ein paar Stücke behalten, den Rest mit einem Stabmixer zu einem feinen Püree verarbeiten, mit Essig und Salz abschmecken, in Spritzbeutel füllen und im Kühlschrank aufbewahren.

LANGUSTEN-TARTAR

Die Langustinen aus der Karkasse brechen und den Darm mit einer feinen Pinzette ziehen, die vier schönsten Schwanzstücke in den Kühlschrank legen und aus dem restlichen Fleisch den Tartar herstellen.

Für den Tartar das Fleisch fein hacken und mit Salz, Pfeffer, Zitronenolivenöl und Schnittlauch anmachen und ebenfalls in den Kühlschrank legen.

STAUDENSELLERIEVINAIGRETTE

Alle Zutaten für die Vinaigrette in eine Schüssel geben und mit dem Schneebesen umrühren, bis sich Salz und Zucker aufgelöst haben.

ANRICHTEN

Zum Anrichten alles dekorativ auf einem Teller anordnen: Das Selleriegelee mit den Mangostücken sowie dem Mangopüree, die Klettenwurzeln in kleine Scheiben schneiden und ebenfalls 4-5 Scheiben davon verteilen und den Langustinentartar in kleine Nocken formen. Das Langustinenfleisch in einer heißen Pfanne kurz anbraten, mit Salz und Pfeffer würzen und zugeben.

Alles mit etwas Vinaigrette napieren und mit Korianderkresse sowie den 12 Staudensellerieblättern ausgarnieren.

„Ich koche ohne Scheuklappen und verwende auch gerne exotischere Geschmacksnuancen, wie sie eine Mango bietet. Gerade Fisch oder Meeresgetier lässt sich dann zusammen mit heimischem Gemüse herrlich zubereiten. Ich überrasche unsere Gäste gerne und mache sie neugierig auf ihren nächsten Besuch.“
Paul Stradner

Glasiertes Kalbsherzbries mit einer getrüffelten Kalbsjus und auf Meersalz geschmorter Petersilienwurzel sowie Steinchampignons

HAUPTGANG FÜR 4 PERSONEN
ZUBEREITUNGS- UND KOCHZEIT 4 STUNDEN

ZUTATEN

1 kg Kalbsherzbries

KOCHFOND
1 Liter Wasser
80 g Karotte
80 g Sellerie
80 g Lauch
1 Zwiebel
100 ml Weißwein
Salz, Pfefferkörner, Lorbeer

GESCHMORTE PETERSILIENWURZEL
12 Petersilienwurzeln
1 Liter Sonnenblumenöl
1 kg grobes Meersalz

PETERSILIENWURZEL-PÜREE
500 g Petersilienwurzeln
20 g Zwiebeln
100 g Butter
150 ml Sahne

GETRÜFFELTE KALBSJUS
100 ml dunkle Kalbssauce
40 g Schwarzer Trüffel
20 g Butter
Pfeilwurzstärke

ANRICHTEN
2 Steinchampignonköpfe
Etwas Mehl
Fett
Gehackte Petersilie
Pfeffer aus der Mühle

KALBSHERZBRIES

Das Gemüse putzen und schälen. Mit allen Zutaten in einem Topf zum Kochen bringen und dann zugedeckt 30 Minuten ziehen lassen. Den Fond passieren und erneut zum Kochen bringen. Das Bries zugeben und bei geringer Hitze ca. 25 Minuten ziehen lassen. Anschließend das Bries von den weißen feinen Häutchen und dem Fett befreien und in kleine Stücke portionieren – bis zur Verwendung kaltstellen.

GESCHMORTE PETERSILIENWURZEL

Die Petersilienwurzeln schälen. Anschließend im 130 °C heißen Öl ca. 12 Minuten farblos frittieren. Die Wurzeln aus dem Öl nehmen und gut abtropfen lassen, restliches Öl mit trockenem Tuch abnehmen. Das Meersalz auf einem Backblech verteilen und die Wurzeln gleichmäßig verteilen. Dann 30 Minuten im Backofen bei 130 °C Heißluft fertig schmoren. Die geschmorten Teile vom Salz nehmen, anhaftendes Salz entfernen und bis zum Gebrauch beiseitestellen.

PETERSILIENWURZELPÜREE

Für das Püree, die Petersilienwurzeln schälen und in kleine Stücke schneiden. Die Butter in einem Topf zerlassen und die Wurzeln mit der Zwiebel und etwas Salz anschwitzen. Mit Sahne auffüllen und zugedeckt weich kochen. Danach passieren und mit einem Mixer zu einem feinen Püree verarbeiten. Mit etwas Salz abschmecken und ebenfalls beiseitestellen.

GETRÜFFELTE KALBSJUS

Den Trüffel mit einem Messer fein hacken. Die Butter in einer Sauteuse oder einem Topf zerlassen, den Trüffel leicht anschwitzen. Mit der dunklen Kalbssauce auffüllen, mit Salz abschmecken und eventuell mit etwas Pfeilwurzstärke abbinden.

PFEILWURZSTÄRKE

Zum Anrichten die Steinchampignonköpfe in dünne Scheiben schneiden. Das Bries mit etwas Salz und Pfeffer würzen, mehlieren und im heißen Fett von allen Seiten langsam goldbraun braten. In der Zwischenzeit das Püree wieder erwärmen, die geschmorten Petersilienwurzeln kurz anbraten und mit gehackter Petersilie bestreuen. Alle Komponenten dekorativ auf einem warmen Teller anrichten, die Steinchampignonscheiben darauf verteilen und das Bries mit heißer Trüffeljus übergießen.

„Als Herzbries werden die größten und schönsten Stücke vom Kalbsbries bezeichnet.
Auf dem Bauernhof, von dem ich stamme, waren wir praktisch Selbstversorger.
Meine Oma hat beim Kochen immer alle Teile der geschlachteten Tiere verwertet:
das Fleisch wurde von ihr meistens mit einem Gemüse kombiniert,
das bei uns im Garten gewachsen ist. Diesen Kochstil habe ich verfeinert beibehalten.
Er erinnert mich an meine Jugend!“
Paul Stradner

Die Verwandlung eines badischen Gasthauses in ein französisches Gourmet-Restaurant

Urbadisch mutet der Ochsen von außen an. Doch nur zwei Stufen trennen den Gast von einer anderen Welt, denn unvermittelt betritt man ein Stück Frankreich mitten in Durlach. Der größte Stadtteil Karlsruhes wurde zwar einst von den französischen Truppen Ludwigs XIV. zerstört, doch Anita Jollit hat man es nicht nachgetragen, als sie und ihr Mann Gérard den elterlichen Ochsen übernahmen. Mit typisch französischen Gerichten und französischen Weinen wird aus dem Ochsen, kulinarisch gesehen, eher ein stattlicher „Bœuf".

Der Ochsen im Karlsruher Stadtteil Durlach war ein gutgehendes und traditionsreiches badisches Gasthaus, in dem Anita Jollits Vater als Autodidakt solide badische Küchengerichte zubereitete. Auf dem Misthaufen neben der Wirtschaft scharrten die Hühner und krähte der Hahn und hinter dem Haus befand sich an der Pfinz eine Pferdetränke. Drei Schwestern hatte Anita, doch niemand interessierte sich für die Fortführung des 1746 erbauten Hauses, das sich schon seit vier Generationen in Familienhand befand. „Ich sollte ja von zuhause aus nicht Köchin lernen." Dennoch zieht es sie zum Kochen in große und berühmte Hotels nach Genf oder in das Savoy nach London, wo sie begierig neue Rezepturen erkundet. „Im Ochsen, wo ich ab und an in der Küche geholfen hatte, konnte ich hausfrauenmäßig auf gutem Niveau kochen, doch in dieser Zeit begann ich immer etwas Neues auszuprobieren. Nur eines war mir klar, irgendwelche Pülverchen verwende ich nicht und Modetrends renne ich nicht hinterher."

In London lernt sie ihren Mann Gérard kennen, der aus dem Poitou stammt und im Service arbeitet. Er hatte eine Hotelfachschule in Frankreich besucht und war zuvor in Marseille und Straßburg tätig, dann zwei Jahre im früheren Sonnenhof, der heutigen Villa Rothschild Kempinski in Königstein im Taunus. Gemeinsam beschließen sie, nach Paris zu gehen, wo sie im luxuriösen Prince de Galles in der Avenue Georges-V kocht und er im Intercontinental-Hotel arbeitet. „Die Organisation des täglichen Lebens in Paris war schwierig, aber wir haben das dennoch auf die Reihe bekommen – auch die Geburt unserer Tochter und unseres Sohnes."

Die Umstände im elterlichen Betrieb machen jedoch 1980 eine Rückkehr nach Durlach nötig. Die Kinder sind im Alter von sechs Monaten und zweieinhalb Jahren, also in einer Zeitspanne, in der sie volle Aufmerksamkeit verlangen und in Deutschland keine Kleinkinderbetreuung existiert(e). Im Ochsen versucht man anfangs, um die Kontinuität zu wahren, einen kulinarischen Mix aus badischer Küche mit französischen Einsprengseln. Doch die traditionelle Kundschaft ist verprellt, den Stammtisch im Dorfgasthaus gibt es nicht mehr. Zudem hat Gérard im Service Mühe mit dem heimischen Dialekt. Selbstkritisch ziehen sie heute Bilanz: „Die versuchte badisch-französische Mischung hat nicht geklappt, wir mussten uns entschließen, voll auf die französische Küche zu setzen."

Doch das bisherige klassische Interieur der Gaststube ist in der Zeit weit davon entfernt, einem Gourmetrestaurant zu entsprechen. Die Jollits ziehen die Reißleine und schließen umbaubedingt von Januar bis März 1981. 300000 D-Mark werden in die beiden Restauranträume und eine moderne Küche investiert. Zum Restaurant werden sechs Hotelzimmer im ehemaligen Speicher stilvoll und dem Geschmack der Zeit entsprechend eingerichtet.

Neue Gäste müssen für das neue Konzept akquiriert und begeistert werden. Und der Erfolg stellt sich 1991 nach zehnjährigem Wirken ein, als Anita Jollit als erste Frau in Baden einen Michelin-Stern verliehen bekam. Robert Walter, Direktor der Stiftung des Karlsruher Centre Culturel Franco-Allemand, ist mehr als zufrieden, mit dem Ochsen einen kulinarischen französischen „Stützpunkt" zu besitzen, der deutsch-französische Treffen in einem, dem Centre inhaltlich entsprechenden Stil ermöglicht. So war auch Bundeskanzler Helmut Kohl einmal zu Gast, der sich aber ausdrücklich für Spätzle mit Pilzen entschied …

Die Grenznähe macht es Gérard einfacher, typisch französische Produkte einzukaufen, wozu auch ein reichhaltiges Weinsortiment mit an die vierhundert Weinen gehört, die zum Essen verkostet, aber über die Vinothek auch bestellt werden können. Die Jollits, die auf Reisen durch Frankreich nach wie vor auf gastronomische Entdeckungen aus sind, kennen auch fast alle Winzer persönlich, deren Weine zum Ausschank kommen. Herr über die Flaschen ist der erfahrene Sommelier Serge Schwentzel, der seit 1987 hier arbeitet. Er stammt aus dem Elsass, hat nach beruflichen Stationen in seiner Heimatregion in den Ochsen gefunden – und im nahen Grötzingen auch seine Frau, mit der er zusammen im Elsass wohnt. In der Küche arbeitet Raphael Dworak in verantwortlicher Position daran mit, dass deutsche und französische Gäste im Ochsen den „Alltag abstreifen", wie es die Werbung verheißt.

Während die Tochter im Marketing eines Londoner Hotels arbeitet, unterstützt Alexander Jollit, der eine Ausbildung im Hotelmanagement abgeschlossen hat, seine Eltern seit 2011 und bringt mit seinen Anbauplänen für einen größeren Hotelkomplex wieder neue Ideen in das altehrwürdige Gemäuer des Ochsen.

A. Jollit

Gasthaus zum Ochsen
Gasthaus zum Ochsen

Hummer-Bisque

VORSPEISE FÜR 4 PERSONEN
VORBEREITUNGS- UND KOCHZEIT 2 STUNDEN

ZUTATEN

Ca. 1 kg Hummer-Karkassen
3 Schalotten
2 Stängel Stauden-Sellerie
1 Karotte
½ Fenchel-Knolle
2 Esslöffel Tomatenmark
2 cl Cognac
¼ Liter Weißwein
1 Liter flüssige Sahne
Etwas Fischbrühe oder Wasser
Salz
Pfeffer
Koriander-Körner
Fenchel-Samen
Thymian
Lorbeer

In einem großen Topf die Hummer-Karkassen zerkleinern und in etwas Olivenöl anrösten. Schalotten und Gemüse kleinschneiden, dazugeben und mitrösten. Tomatenmark dazugeben und ebenfalls mitrösten.

Cognac zugeben und flambieren, anschließend Weißwein und Fischfond (oder Wasser) zugeben, etwas einkochen lassen. Die Karkassen mit Sahne bedecken. Koriander, Fenchelsamen, Thymian und Lorbeer dazugeben und leicht für eine Stunde köcheln lassen. Anschließend durch ein feines Sieb passieren und abschmecken.

„Das ist ein typisches französisches Gericht, das zudem einfach zu kochen ist, wenn man den Hummer hat. In unseren Anfangszeiten im Ochsen konnte man die neugierigen deutschen Gäste mit derlei Köstlichkeiten überraschen und für die französischen Gäste war und ist unser Lokal die Fahrt über den Rhein immer eine Reise wert."
Anita Jollit

Schokoladen-Sphere mit Orangen-Chibouste und Blutorangensauce

DESSERT FÜR 4 PERSONEN
VORBEREITUNGS- UND KOCHZEIT 2 STUNDEN

ZUTATEN

CHIBOUSTE
25 g Mascarpone
25 g flüssige Sahne
75 ml Orangensaft
3 Eigelb
20 g Zucker
2 Blatt Gelatine
3 Eiweiß
40 g Zucker
10 g Glukosesirup
2 cl Wasser

BLUTORANGENSAUCE
10 cl Blutorangensaft
2 g Mondamin

SPHERE
50 g Bitter-Schokolade
1 Orange

ZUBEREITUNG CHIBOUSTE

Mascarpone, Sahne und Orangensaft aufkochen. Das Eigelb mit dem Zucker schaumig schlagen und mit dem eben Aufgekochten gut verrühren. Dann die eingeweichte Gelatine dazugeben, was die Orangenmasse ergibt.

Zucker, Glukosesirup und Wasser zum Kochen bringen. Mit einem Thermometer messen, bis 121 °C erreicht sind. Eiweiß aufschlagen und in das eben Aufgekochte einrühren und bis zum Erkalten weiterschlagen.

Zur Orangenmasse vom Anfang unterheben und in eine gewünschte Form geben.

ZUBEREITUNG SPHERE

Zur Herstellung der Sphere die Schokolade im Wasserbad flüssig machen.

Mit einem Pinsel die Schokoladen-Halbkugeln (Silpat-Gummiformen) innen dünn ausstreichen, erkalten lassen und den Vorgang wiederholen. Bei genügender Stärke vorsichtig herausdrücken.

ANRICHTEN

Orangen-Chibouste in passender Größe ausstechen und in die Halbkugel geben – zwei Halbkugeln dann zusammensetzen.

Von einer Orange die Filets herausschneiden, im Teller anrichten und die Sphere daraufsetzen. Blutorangensaft aufkochen und mit Mondamin eindicken.

Beim Servieren die heiße Blutorangensauce über die Sphere gießen, bis sie anfängt zu schmelzen.

„Ich stamme aus der Tschechischen Republik und habe auf Madeira, in Wien, im Allgäu und im Buerehiesel in Straßburg gearbeitet – dann bot sich die Chance im Ochsen kreativ tätig zu werden. Bedingung war natürlich, dass man in der Küche des Restaurants Deutsch und Französisch beherrscht, was für mich kein Problem war. Das Dessert ist eine überraschende Kreation, vor allem wenn die Schokolade langsam anfängt, zu schmelzen."
Raphael Dworak

Ein Steinwurf von der deutsch-französischen Grenze entfernt

Der St. Germanshof lag direkt an der deutsch-französischen Grenzanlage zwischen Deutschland und Frankreich, als die Grenzen noch fast unüberwindliche Hürden darstellten. Heute ist das Gasthaus ein selbstverständlich gewordener Ort deutsch-französischer Geselligkeit, wenn sich die Gäste von hüben und drüben zum Genuss von Dampfnudeln oder Saumagen gemeinsam und bunt gemischt um die Tische versammeln. Die einzige Grenze, die jetzt noch spürbar werden könnte, ist jene einer gesättigten Zufriedenheit, diese Grenze erträgt man aber klaglos und gerne.

Betritt man das imposante und zwischen dem pfälzischen Wasgaudorf Bobenthal und dem elsässischen Städtchen Wissembourg bzw. dem Wallfahrtsort Weiler gelegene Gasthaus St. Germanshof, trifft man am Stammtisch auf zwei rüstige Rentner beim morgendlichen Frühschoppen. Sie unterhalten sich auf pfälzisch der eine und auf elsässisch der andere über Traktoren, die sie einst besessen hatten. Was illustriert besser als diese alltägliche Szene, wie hier eine Staatsgrenze mit ihrer ehemaligen und gleichnamigen Zollstation mühelos überwunden wurde und überwunden werden kann?

Nicht immer war das so, wie ein französischer Soldatenfriedhof in Richtung Wissembourg, etwas weiter unten, eindrucksvoll belegt. Die Geschichte dieses Ortes spiegelt das deutsch-französische Verhältnis in besonderer Weise. Denn die Bobenthaler und Wissembourger haben in ihrer Geschichte reichliche und schmerzhafte Erfahrungen mit den wechselnden Grenzverläufen entlang des Flüsschens Lauter und ihrer Staatszugehörigkeit gemacht – mal getrennt, mal gemeinsam.

Bobenthal gehörte zum Stift Speyer, dann zu jenem in Weißenburg, nach dem Dreißigjährigen Krieg wurde das Dorf französisch und blieb es auch zur Revolution von 1789. Nach Napoleons Untergang wurde der Ort bayrisch oder genauer gesagt, gehörte er zum königlich bayrischen Rheinkreis. Ebenso das Kloster St. German, das um 1055 vom Weißenburger Abt Samuel als eine Art Wasserburg errichtet wurde und in seiner Blütezeit gut zweihundert Mönche beherbergte.

Ab 1815 ist der Germanshof Zoll-, ab 1901 Poststation und ab 1911 dann ein Wein- und Bierrestaurant. Die Kriege, von denen der Germanshof betroffen war, verschoben immer wieder die Grenzverläufe. Kurios allerdings, dass der St. Germanshof am 23. April 1949 an Frankreich „übergeben“ wurde, da die Wissembourger Quellen auf Bobenthaler Gemeinde lagen. Nach zahlreichen Protesten wurde das Haus aber am 9. September 1949 wieder deutsch. Seitdem fließt aber das Wasser des Germanshofs allerdings durch französisches Territorium!

1950 beseitigten Studenten aus verschiedenen europäischen Ländern unter großer öffentlicher Resonanz die deutsch-französischen Grenzbefestigungen, verbrannten Grenzpfähle und demonstrierten mit Europafahnen für ein geeintes Europa. An dieser Stelle wurde zum Gedenken erst 2007 ein Europadenkmal errichtet.

1958 kaufen Eduard Schoof und seine Frau das Anwesen, das von ihrer Tochter Christa Hey mit ihrem Mann Werner und nun zusammen mit deren Tochter Isabelle Oerther geführt wird. Und als Jüngste in der Reihe absolviert deren Tochter Sophie ihre Ausbildung im elterlichen Betrieb. Das matriarchalische System scheint ein Ausgleich zu der langjährigen männlichen Klosterherrschaft zu bilden.

Doch halt! In der Küche entdeckt man Thomas Schoof, der bei seinem Vater Eduard kochen lernte. Die Kochkunst wird so familienintern von einer Generation an die nächste weitergegeben. Und was gibt es hier nicht alles Leckeres zu verspeisen? Spezialität ist unter anderem der pfälzische Saumagen, der an angekündigten Terminen und nur bei erfolgreicher Reservierung eines Tisches auch genossen werden kann. Dann hilft auch Frank Oerther mit, der sich, als gelernter Koch, nun in einem anderen Beruf selbständig gemacht hat. Der Saumagen hat dabei eine lockere Konsistenz, wird aus gutem Fleisch und Kartoffeln zubereitet.

Wegen Kotelett, Rotkraut und Kastanien fahren Liebhaber kilometerweit. Im Sommer locken Lamm und Wildschwein am Spieß zahlreiche Gäste in den Biergarten. Im Herbst gelangen knusprige (elsässische!) Gänse für vier bis fünf Personen auf den Tisch. Die Gäste, die zum Teil von weit her und aus dem Elsass wie aus der Pfalz anreisen, nutzen die Gelegenheit bei einem Wochenendausflug dazu, auf zahlreichen Wanderwegen durch das (grenzüberschreitende) Biosphärenreservat Pfälzerwald-Nordvogesen zu streifen. Isabelle bietet geführte Mehrtagestouren an, für Unterkunft ist gesorgt, denn das Hotel wartet mit geräumigen Zimmern auf. Manche Gäste parken auch ihr Wohnmobil auf dem dazu angelegten Stellplatz und können dafür sicherlich ein Viertel mehr der wunderbaren pfälzischen Weine der Weingüter Geisser (Schweigen-Rechtenbach) oder Schmitzer-Julier (Eschbach) einschenken. Über die Tische hinweg plaudert man grenzenlos…

SANKT
GERMAN
SHOF
19
20

Dampfnudeln nach Oma Mina

HAUPTGANG FÜR 4 PERSONEN
VORBEREITUNGSZEIT CA. 45 MINUTEN / RUHEZEIT CA. 1 ½ STUNDEN / KOCHZEIT 30 MINUTEN

ZUTATEN

500 g Mehl
80 g Butter oder Margarine
80 g Zucker
2 Eier
½ Würfel Hefe
1 Prise Salz
1 Tasse Milch (normale Tasse, nicht randvoll)
Fett
Heißes Wasser

Mehl in die Rührschüssel geben. In der Mitte des Mehls eine kleine Mulde machen und die Hefe darin mit etwas Zucker (1 Kaffeelöffel) und etwas „lauwarmer Milch" (ca. 3-4 Esslöffel) zu einem Vorteig gehen lassen.

In der Zwischenzeit in einem Topf die restliche Milch anwärmen (nicht kochen, auch nicht zu heiß werden lassen). Zucker und Butter in die Milch rühren, bis sich alles aufgelöst hat, dann die ganzen Eier mit einem Schneebesen unterrühren.

Diese „lauwarme Masse" in den Vorteig geben. Mit der Küchenmaschine ca. 3-4 Minuten mit den Knethaken bearbeiten.

Den Teig an warmer Stelle mit einem Küchenhandtuch zugedeckt ca. 25-30 Minuten gehen lassen. Danach noch mal 3 Minuten mit dem Knethaken bearbeiten. Jetzt noch mal den Hefeteig gehen lassen, bis sich die Teigmasse verdoppelt hat.

Den Teig auf eine mit Mehl bestäubte Arbeitsplatte geben, ca. 4 bis 5 cm dick ausrollen und mit einem Trinkglas die Dampfnudeln gleichmäßig ausstechen. Die ausgestochenen Dampfnudeln nochmals ca. 25 Minuten gehen lassen.

In eine „gute Pfanne mit Deckel" etwas Biskin geben zum Backen der Dampfnudeln. Nur so viel Fett zugeben, dass der Pfannenboden leicht bedeckt ist und auf Stufe 6 (bei 9 Stufen E-Herd) Fett in der Pfanne erwärmen. Etwas Salz in die Pfanne streuen. Jetzt die Dampfnudeln bei einer Pfannengröße von ca. 28 cm Durchmesser 5-6 Dampfnudeln einsetzen. Darauf achten, dass das Fett nicht spritzt, da sonst die Dampfnudeln nicht schön werden.

Die Dampfnudeln so lange im warmen Fett auf der unteren Seite backen, bis sie am Boden goldgelb sind. Pfanne von der Kochplatte nehmen und vorsichtig 1 „normale Tasse" (nicht randvoll) kochend heißes Wasser zugeben. Aber nicht über die Dampfnudeln schütten!!! Sofort den Pfannendeckel daraufgeben und bei schwacher Hitze Stufe 3 (bei 9 Stufen E-Herd) 20 Minuten garen. Jetzt müsste das Wasser in der Pfanne verdampft sein.

Deckel vorsichtig abnehmen und Dampfnudeln erst herausnehmen, wenn alles Wasser in der Pfanne verdampft ist. Sollte dies nicht der Fall sein, dann bei geöffneter Pfanne restliches Wasser verdunsten lassen. Oma Mina hat die Dampfnudeln immer auf zwei Seiten gebacken!

Oma Mina Hey, die 2015 im biblischen Alter von 95 verstarb, war zuständig für die Dampfnudeln, die jeden Freitag zubereitet werden. Ihr Wissen gab sie an Maria weiter, die eigentlich Malia heißt, aus Samoa stammt und Thomas Schoofs Frau ist. Sie kocht an manchen Abenden sogar Spezialitäten ihrer Heimat. Eine absolute Könnerschaft hat sie sich bei der Zubereitung der Dampfnudeln erworben. Wenn sie einmal krank ist, was selten passiert, gibt es im Germanshof keine Dampfnudeln. Minimum hundert Dampfnudeln (mit Weinsoße oder Vanillesoße oder Apfelmus) werden jeden Freitag mit Kartoffelsuppe serviert. Reservierung obligatorisch!

Deutsch-französische Forellen, einfach lecker!

Hauptgang 1 Forelle pro Person

Zubereitungs- und Kochzeit: Forelle ausnehmen 10 Minuten / Braten 10 Minuten

Zutaten

Etwas Salz
Mehl
Butter
1 Zitrone (Saft und Scheiben)
Petersilie
2 mittelgroße Kartoffeln pro Person

Forelle ausnehmen. Ausgenommene Forelle kurz unter fließend kaltem Wasser waschen und mit Küchenkrepp vorsichtig trocken tupfen. Forelle innen und außen salzen und in Mehl wenden. Überschüssiges Mehl abschütteln.

In einer beschichteten Pfanne Fett erhitzen. Forellen auf mittlerer Temperatur braten. Zuerst eine Seite ca. 5 Minuten, dann vorsichtig wenden und die andere Seite ca. 3 Min. braten. Erst wenn sich die Rückenflosse leicht heraus ziehen lässt, ist die Forelle gar.

Forelle auf vorgewärmtem Teller anrichten. Im Bratenfett Butter und den frisch gepressten Saft einer Zitrone erhitzen. Petersilie hacken und über die Forelle streuen. Mit heißer Zitronenbutter begießen und mit Zitronenscheiben garnieren.

Dazu gibt es Salzkartoffeln und einen gemischten Salat – am besten Frisches, was die Saison bietet!

Eine tägliche Spezialität sind im Germanshof die frischen Forellen, die mit viel Hingabe in Weihern in einem Seitental hinter Bobenthal aufgezogen werden. Eingesetzt mit ca. 5 cm Länge wachsen sie langsam heran, bis sie ihr gewünschtes Gewicht erreichen und in der Küche landen.
Die Weiher werden direkt von frischem Quellwasser gespeist. Das Wasser fließt dann in die Wieslauter, diese bildet die Grenze des Wasgaus. Sie fließt direkt am St. Germanshof vorbei und wird im Unterlauf als Lauter dann zum Grenzfluss zwischen Deutschland und Frankreich. „Das sind also deutsch-französische Forellen", schmunzelt Thomas Schoof. Und die klassische Zubereitungsart der Forelle, da ist er sich auch sicher, ist gebraten auf Müllerin Art: „Ganz einfach, aber einfach köstlich."

ELSASS – ALSACE

Hôtel-Restaurant Alsace Village
49 rue Principale
67510 Obersteinbach
www.alsace-village.com

Auberge Au Bœuf
1 rue de l'Église
67770 Sessenheim
www.auberge-au-boeuf.fr

Relais de la Poste
21 rue du Général-de-Gaulle
67610 La Wantzenau
wwww.relais-poste.com

Hôtel Château de Pourtalès
161 rue Mélanie
67000 Strasbourg-Robertsau
www.chateau-pourtales.eu

Arte
4 quai du Chanoine-Winterer
67000 Strasbourg
www.arte.tv

Brasserie Les Haras
23 rue des Glacières
67000 Strasbourg
www.les-haras-brasserie.com

Café-Backhaus Dreher
50 rue Grandes-Arcades
67000 Strasbourg
www.drehers.eu

CroisiEurope
12 avenue de la Division-Leclerc
67000 Strasbourg
www.croisieurope.com

À la Cour d'Alsace
3 rue du Gail
67210 Obernai
www.cour-alsace.com

Au Potin
11 rue du Général-Vandenberg
67140 Barr
www.aupotin.com

Au Bord du Rhin „Niemandsland"
Île de la Digue du Rhin
67150 Gerstheim
+33 (0)3 88 98 36 12

Hostellerie Aux Bords du Rhin
10 rue du Rhin
67860 Rhinau
+33 (0)3 88 74 60 36

Auberge Les Bagenelles
15 La Petite Lièpvre
68160 Sainte-Marie-aux-Mines
www.bagenelles.com

Ferme-Auberge Chalet Pierre
10 côte d'Échy
68160 Sainte-Marie-aux-Mines
www.chalet-pierre.wifeo.com

Auberge du Parc Carola
48 route de Bergheim
68150 Ribeauvillé
www.auberge-parc-carola.com

La Table de Mittelwihr
19 route du Vin
68630 Mittelwihr
www.la-table-de-mittelwihr.fr

Domaine Baumann-Zirgel
5 Rue du Vignoble
68630 Mittelwihr
www.baumann-zirgel.com

Hôtel Aux Deux Clefs
12 rue de l'Altenhof
68380 Metzeral
www.aux-deux-clefs.com

SCHWEIZ – SUISSE

Grand Hôtel Les Trois Rois /
Die Drei Könige
Blumenrain 2
4001 Basel / Bâle
www.lestroisrois.com

BADEN – PAYS DE BADE

Hotel Restaurant Hirschen
Hauptstr. 69
79295 Sulzburg
www.douce-steiner.de

Spielweg Romantik Hotel im Münstertal
Spielweg 61
79244 Münstertal
www.spielweg.com

Panorama Hotel Freiburg
Wintererstr. 89
79104 Freiburg
www.chez-eric.de

Colombi Hotel
Am Colombipark
Rotteckring 16
79098 Freiburg
www.colombi.de

Schwarzer Adler
Badbergstr. 23
79235 Vogtsburg-Oberbergen
www.franz-keller.de

Hotel Kreuz-Post Restaurant & Spa
Landstr. 1
79235 Vogtsburg-Burkheim
www.hotel-kreuz-post.de

Ammolite The Lighthouse Restaurant –
Europa-Park
Peter-Thumb-Str. 6
77977 Rust
www.ammolite-restaurant.de

Hotel Restaurant Gasthaus Adler
Reichenbacher Hauptstr. 18
77933 Lahr-Reichenbach
www.adler-lahr.de

Chocolaterie und Eismanufaktur
Jutta Danner
Schloss Staufenberg 4
77770 Durbach-Staufenberg & Kehl
www.chocolaterie-danner.eu

Hotel Restaurant Rebstock
Straßburger Str. 13
77728 Oppenau
www.rebstock-oppenau.de

Relais & Châteaux Hotel Dollenberg
Dollenberg 3
77740 Bad Peterstal-Griesbach
www.dollenberg.de

Hotel Bareiss im Schwarzwald
Hermine-Bareiss-Weg
72270 Baiersbronn
www.bareiss.com

Gasthof Pflug
Elsässer Str. 15
77694 Kehl-Neumühl
www.pflug-neumuehl.de

Bernhard's Restaurant
Le Jardin de France
Lichtentalerstr. 13
76530 Baden-Baden
www.lejardindefrance.fr

Brenners Park-Hotel & Spa
Schillerstr. 4-6
76530 Baden-Baden
www.brenners.com

Hotel Restaurant Zum Ochsen
Pfinzstr. 64
76227 Karlsruhe-Durlach
www.ochsen-durlach.de

PFALZ – PALATINAT

Waldrestaurant Hotel St. Germanshof
St. Germanshof 10
76891 St. Germanshof / Bobenthal
www.st-germanshof.de